감각명상

엘로힘이 전한 메시지를 수록한 저자의 책은 5권으로 출간되었으며 그것은 다음과 같다.

「지적설계 – 설계자들로부터의 메시지」

「천재정치」

「감각명상」

「인간복제」

「각성으로의 여행」

본서는 「감각명상 " La Meditation Sensuelle " 」의 한글완역본으로 우주인 엘로힘이 라엘에게 전수한 명상법이다.

2판 1쇄 발행 2012년 8월 6일 / 지은이 · 클로드 보리롱 "라엘" / 펴낸이 · 한국 라엘리안 무브먼트

번역 · 정윤표 / 펴낸곳 · 도서출판 메신저 / 주소 · 서울 서초구 반포동 강남고속버스터미널빌딩 8층 641호

전화 · 02-536-3176 / FAX · 02-594-3363 / 출판등록 · 16-196 (1988. 8.1)

ISBN · 978-89-85192-19-4 03180 / 값:10,000원

감각명상

Sensual Meditation

육체의 각성이 정신의 각성을 이끈다

라 엘

이 책의 제6장에 소개된 총 6권의 감각명상 프로그램 (실습용)은 전국유명서점이나 웹사이트에서 CD와 테이프로 구입하실 수 있습니다. 감각명상 1번 (무한과 조화한다)은 중요합니다. 감각명상 1번 배경음악은 별도로 수록되어 있습니다.

감각명상을 체험한 후...

N . C . (Quebec , 캐나다)

24살 때 감각명상을 알게 된 후 나는 처음으로 오르가즘을 경험했다 . 나는 그것이 얼마나 아름다운 느낌이었는지 말로 표현할 수 없다 . 또 나는 약으로는 잘 낫지 않는 불안과 우울증으로 고통받아 왔다 . 그러나 이제 육체적 쾌감을 알게 된 후론 그러한 증상들이 말끔히 사라졌다 . 나는 모든 여성들이 – 내가 알기론 여성들의 70%가 오르가즘을 경험하지 못한다고 하므로 – 이 명상법을 알게 되었으면 한다 .

Alexandre – Denis (Saint Ubald , 캐나다)

" 마음과 몸의 각성 " 을 위한 세미나에서 잊지 못할 순간들을 갖게 된 것을 무한히 기쁘게 생각하며 라엘에게 감사하고 싶다 . 67세의 나이에도 불구하고 나는 인생을 새롭게 시작하는 기쁨을 맛보고 있다 .

Laurence (Avignon , 프랑스)

나는 이전에 대마초를 피웠으며 지복의 환각을 맛보기 위해 암페타민을 복용했다 . 그런데 지금은 이 약들이 얼마나 우스꽝스럽게 보이는가? 감각명상을 발견한 후 나는 그것들이 완전히 필요없음을 알고 모두 끊었다 .

Pierre Gary (Paris , 프랑스)

나의 몸은 아름다운 꽃의 봉오리였으나 문명과 종교의 어두운 그림자 때문에 자라지 못했다 . 감각명상은 태양빛으로서 이 봉오리를 꽃피게 하여 무한한 시간과 공간의 조화 속에 만개시켰다 .

CONTENTS

서문 1

미셸 데디에, 심리학자

불과 30년 전만 하더라도 컴퓨터가 세계를 변혁시키리라고 누가 말했다면 아무도 믿지 않았을 것이다.

의학이나 철학과 마찬가지로 기술분야에 있어서도 우리들은 전후의 개념을 훨씬 뛰어넘어 진보했다. 인간정신은 꾸준히 진보해 왔으며, 오늘날 환경에 대한 인식이 보다 깊어짐으로써 더욱 발전해 갈 것이다. 그것은 창조하고 자원을 관리하며 새로운 에너지원을 발견하고, 또한 모든 영역에 있어서 새로운 기술을 실험하고 있다.

일반 대중의 사고방식도 보다 지적이고, 보다 세련되고, 보다 자유로운 생활을 위한 발상에서 볼 수 있듯이 변모하는 문화양식을 통해 개선되고 있다.

그러나 더욱 놀랄 만한 일은 물질개념의 발전이다. 과학자들의 노력에 힘입어 물질은 살아 있는 것으로 인간에게 보다 친근해지고 있으며, 그 자체 정신화의 경향을 지니고 있는 것으로 이해되고 있다.

이전에 물질은 정신과 대립되는 것으로 생각되어 왔다. 그러나 오늘날 신경외과와 계량심리학의 현저한 발달로 인해 두뇌의 활동은 보다 이해하기 쉬운 것이 되었고 그 신비적인 성격은 불식되어 가고 있다.

현재 뇌의 기능에 대해서는 이전의 정신병리학이나 정신분석학을 곧장 시대에 뒤떨어진 것으로 만드는 많은 정보가 쏟아져 나오고 있다. 이 연구는 끊임없이 추구되어 나가겠지만, 한편 사람들을 불안하게 만드는 것도 사실이다. 그 주된 이유는 일반인들이 창조적인 사고력을 지닌 과학자들을 실험과학에서는 당연히 있을 수 있는 실패를 감안하고 주저없이 신뢰하기보다는 오직 단편적인 지식에 입각해서 생각하는 오류를 범하기 때문이다. 우리 문명의 역사 이래 처음으로 과학과 정신이 똑같은 길을 걷고 있다. 양자는 정신과 물질, 정신과 뇌세포를 분리시킬 수 없는 많은 공통점을 지니게 되었다.

　예를 들어, 여러 가지 행동에 관계되는 뇌의 영역이 구분되어 있는가 하면, 특정한 상황에서 뇌는 그 자체의 천연 진정제(엔돌핀)를 만들어 일정한 감정을 일으킨다는 것이 알려졌다. 이제 뇌의 억제와 자극부위를 알게 된 이상, 그것이 영향을 미치는 행동을 관찰함으로써 뇌의 활동을 해명하는 것이 가능하게 된 것이다.

　인간 두뇌의 생화학적 작용이 너무나 멋진 자동적 자율 조정기능을 갖춘 것으로 보여지기 때문에 두뇌를 지속적인 자기조정과 자동평형 기능을 갖춘 하나의 사회적 구조로 생각하고자 하는 경향이 커지고 있다. 그러므로 균형을 이루고 있는 이 시스템에 잘못이 생길 경우 현실적 처방은 오직 심신 상호관계의 질을 향상시키는 것, 말하자면 정신과 물질의 상호관계를 개선하는 데에 있다.

의식적 각성의 임상적 개념

의식적 각성이란 두뇌 에너지의 전도경로를 구성하는 모든 신경생리학적 기능의 영속적인 활동상태, 즉 두뇌의 모든 부분들이 서로 교신하는 상태를 말한다.

고도의 각성상태에 도달한 인간은 감각적으로 받아들인 정보를 분석하기 위해 언제든지 다른 수준의 정보처리 방법을 가동시킬 수 있거나 사용할 수 있다.

'지속적 심리분석'은 내적 및 외적 환경의 지각으로부터 받아들인 정보와 심리적 처리방법 사이의 내적 연결 및 상호 연락관계의 질을 정확히 결정해 준다.

'지성'은 이러한 심리적 처리 수준과 통합능력 - 그것은 유전자코드에 의해 결정되며 그 한계 이상으로 발전될 수 없지만 - 에 좌우된다. 그러나 지성은 일반적으로 그 가능성이 전혀 개발되고 있지 않다. 그것을 활용하려면 상당한 수준의 정보입력 - 특히 내적 및 외적 세계의 지각에 관한 - 을 필요로 한다.

'감각'은 이러한 환경을 지각하는 능력이다. 감각적 정보는 오감 -시각, 청각, 미각, 후각, 촉각 그리고 여기에 텔레파시 지각능력을 포함해서 - 을 통해 포착된다. 이 감각 기관들은 쾌감을 일으키며 그 이미지를 두뇌의 중앙컴퓨터에 전달한다. 감각은 질적으로나 양적으로나 끊임없이 정보를 산출해 내며 기초자료를 공급하기 때문에 가장 중요한 정보처리 단계라 할 수 있다.

정상적인 정신기능을 위한 좋은 조건을 만들기 위해 많은 방법론과 치료법이 도입되고 있다. 정신분석요법, 릴랙스요법, 그룹요법, 알파리듬요법 등, 그러나 오늘에 이르기까지 육체의 각성에 의한 정신의 각성 - 그리하여 순수한 감각에너지를 사용하여 두뇌의식을 세포의식의 수준에 연결시키는 - 에 목적을 둔 방법이나 기술이 전혀 개발되고 있지 않다. 실제로 이 방법이야말로 바로 핵심적인 것이다.

우선 감각을 향상시키지 않고 지속적인 심리분석을 개선한다는 것은 당연히 생각할 수 없는 일이다. 왜냐하면 추상적인 사고를 제외한 모든 심리작용의 기초가 되는 것은 외적 및 내적 환경으로부터 감지되어 들어온 정보 그 자체이기 때문이다. 모든 생물은, 식물과 동물과 인간을 포함해서, 그 자신의 감각체계를 갖고 있는데, 그것이 없다면 생명은 존재할 수 없을 것이다.

'감정'은 인간의 전체적 정서생활을 지배하는 복합적 심리상태이다. 특히 감각적 메시지는 깊숙이 침투하여 어떤 것은 기억으로 남는다. 감정은 대개 지적활동을 지지한다. 그러나 감정은 무의식 층에 깊이 뿌리를 내리기 때문에 무의식적인 요소에 대해 이성은 미약한 영향력밖에 행사하지 못한다. 따라서 우리들이 반드시 필요로 하는 심리 및 정서적 질서회복을 위해서는 감각을 활용하는 방법이 우리들의 중요한 관심사가 된다.

육체의 각성

두뇌나 심장, 간장을 포함하여 인체의 모든 기관이나 내분비선은 세포로 구성되어 있다. 이러한 기관들이 내적 릴랙스 및 외적 에너지의 변화를 지각하기 위해서는 두뇌와 끊임없이 연결되어 있을 필요가 있다. 일반 생리학의 전부는 '그 환경과 연관된 공간적 위치에 대한 지각'에 의해 조건지어진다. 자기의 위치성을 상실한 위는 그 기능의 일부를 망각하고 잘못을 일으키는데 이러한 잘못이 간장이나 췌장에 의해 반드시 보완되거나 제거되지는 않는다. 수영을 할 줄 모르는 대부분의 사람들이 신체의 운동구조를 알게 될 때 공포심을 극복할 수 있다는 것이 알려졌다. 일시적인 식욕감퇴에 대해서도 똑같이 말 할 수 있다. 육체의 각성에 대한 같은 원리의 적용에는 한계가 없고, 이것은 또 완전한 건강상태에서 자신의 능력을 최대로 개발하고 싶어하는 사람들에게는 중요한 관심사가 된다.

각성상태는 일종의 행복감을 가져온다. 왜냐하면 자각의 느낌이 근육의 수준까지 침투하며, 호흡기와 순환기 계통을 포함한 모든 중요한 기관의 세포적 수준까지 도달하기 때문이다. 그것은 하나의 생리학적인 상태이다.

감각의 각성

감각의 각성은 육체의 각성을 가져온다. 감각은 성감과 함께 쾌감을 불러일으키는 체계의 일환이다. 그 때문에 감각은 특히 서양문화권에 있어서 오랫동안 억압을 받아 왔다. 그러나 쾌감은 자연적이고 적극적인 반응이다. 인간성은 이러한 체계 위에 축조되어 있으며, 실제로 생물학의 전체가 이러한 쾌감원칙에 바탕을 둔 것처럼 보인다. 의식적이건 무의식적이건 쾌감을 피할 목적으로 이루어지는 행위는 하나도 없다. 그러나 도덕이 부당하게도 강력한 억압요인으로 작용해왔기 때문에 사람들은 쾌감을 얻기 위해 흔히 우회적이거나 불건전한 방법을 택해 왔다. 인간의 기본욕구가 만족될 때 그것이 쾌감과 직결된다는 사실은 결코 우연이 아니다. 쾌감은 단지 기쁨을 줄뿐만 아니라 필요불가결한 것이다. 왜냐하면 쾌감은 두뇌를 포함한 신체의 신진대사 대부분을 관장하고 나아가서는 자기발전을 조정할 수 있게 해주기 때문이다. 각성한 사람은 그의 감각을 즐기는 방법을 알고 있다.

감각명상 즉 자기확인

유감스럽게도 감각 및 정신의 확대과정은 우연히 또는 일시적으로 이루어지는 것은 아니다. 우리들의 감각이 감정의 억압에 의해 위축되어 있기 때문이다. 우리들은 스트레스(신경의 긴장)의 정도를 조정, 이완시킬 필요가 있으며 색채와 향기와 음악으로 우리들의 감각을 즐겁게 해줄 필요가 있다. 그것 역시 인간의 본질적인 필요조건이기 때문이다.

우리들의 몸은 그것이 속해 있는 공간과 시간뿐 아니라 그것이 내포하고 있는 공간과 시간에 대한 자신의 위치를 확인할 필요가 있다. 공간 속에서 우리 자신의 몸의 위치를 확인할 때 우리들은 다른 사람들을 포함한 환경과의 관계를 의식하여 두뇌에 연결시킨다 우리가 우리들의 몸이나 내장, 수족, 분비선의 위치를 의식할 때 우리들은 그것들을 두뇌에 연결시키는 것이다. 우리들이 의식적으로 세포의 위치를 확인할 때 우리들은 그것을 두뇌에 연결시키고 또 두뇌를 통해 세포들을 서로 연결시키게 된다. 그렇게 함으로써 각 기관은 신체 속에서 그 위치와 역할을 자각하게 된다.

우리들은 우리 자신이 "이렇게 존재하고"있으며 우리가 "지금 여기에"있다는 것을 알 필요가 있다. 이를 위해 우리들은 자기 자신을 느낄 수 있는 지극히 간단한 방법에 대해 알아야 한다. 다시 말해서 자신의 이름이나 사회적 직함으로서가 아니라 순전히 자신의 감각적 지각에 의해 자기를 확인하는 것이다. 감각명상은 바로 이런 목적을 위한 것이며 또 그 이상의 것을 가능하게 해준다. 이것은 기초적 훈련 – 일종의 육체 및 감각적 특성을 재결합시키는 – 을 필요로 하나 그 실행은 개인적 실습으로 남는다. 그러나 이것이 명상하기 위해서는 반드시 혼자 있어야 하는 것을 뜻하지는 않는다. 실제로 사랑하는 사람과 함께 한다는 것은 항상 적극적 효과를 가져오며, 이것은 초보적 단계로부터 각자의 '오르가즘'에 이르기까지 똑같이 적용된다. 감각명상은 감수성이 완전히 자율적이고 자기충족적인 분위기 속에서 발달된다는 의미에서 고도로 개인적인 체험이라고 할 수 있다.

명상하는 동안 이러한 자기확인의 과정은 마치 자동적으로 일어나는 듯 하며 자신에 대한 앎으로 이끌어 가는 것은 바로 이 자기확인에 의한 것이다. 각성상태란 창조성이 풍부하게 흘러 넘치는 마음의 상태이며, 게다가 그것은 인간관계의 질을 광범위하게 향상시킨다. 명상한다는 것은 어려운 일이 아니다. 먼저 우리들은 궁극적으로 의식의 개화로 이끄는 이들 감각을 충분히 사용하는 방법을 알아야 한다. 쾌감이 생체조직에 침투되어 감에 따라 근육계와 신경계의 연결이 확산된다. 따라서 매일 명상을 행하면 인생에 새로운 차원을 가져다줄 심리적, 육체적 행복감이 일상생활 속에 스며들게 된다.

라엘에 의해 전해진 감각명상에 대한 깊은 이해는 현대심리학이 지닌 모든 난해한 문제에 대해서도 해답을 제시한다. 그것은 정신의 각성과 육체의 각성을 도모하며 나아가서는 감각의 충족으로 이어지기 때문이다. 그것은 우리들의 정서생활을 유지하는 동시에 욕구불만을 감소시킴으로써 우리들의 감정을 조절할 수 있게 해준다. 그것은 의약품과 같은 외적인 개입없이도 신진대사 체계의 자연적 평형상태를 강화시킨다.

감각명상은 누구나 쉽게 행할 수 있다. 그것은 또한 질병에 대해 상당히 중요한 치료와 예방의 효과도 지니고 있다고 나는 믿는다.

서문 2

폴 오지에, 정신의학박사

라엘이 가르치는 감각명상은 모든 계층의 사람들에게 유익하며 특히 현대인에게 매우 필요한 것이다. 그것은 기본적으로 육체의 각성을 통해 정신의 각성에 이르는 것을 목적으로 하고 있다. 비록 다른 방법들과 같이 혈액 중의 많은 양의 산소유입을 강조하고 있지만 그것은 단순한 릴랙스(긴장완화)요법 이상의 것이다. 명상 중에 듣는 배경음악은 적당히 암시적이며 마음을 부드럽게 평정과 조화로 이끌어준다.

그러나 무엇보다도 감각명상은 '의식화'로 이끄는 부수적인 장점을 가지고 있다. 즉, 다양한 생체조직과 그 조직을 구성하는 특정세포들의 중요한 기능적 소재를 비교적 단시간에 대뇌피질에 연결해 주는 일이다. 그것은 생화학적 수준에 이르는 무한히 작은 세계의 놀라운 자각을 추구할 뿐만 아니라 전체 신체 조직과의 상관적이며 조화로운 위치의 자각을 도모한다.

신경이나 '신경전달물질'이 각 기관으로부터 메시지를 신속하게 대뇌피질에 전하는 일을 유도, 또는 자극함으로써 자신감을 증대시키고 감각의 기쁨을 촉진시킬 수 있다. 이것은 직접적으로 과학과 보조를 맞추는 것이며 양자는 상호작용을 통해 지구의식을 조성해 간다. 이 방법으로 감각명상이 쾌감에 대한 인류의 갈망을 일깨우고 아드레날

린 및 다른 유해 생성물질이 뇌로 운반되는 것을 막을 수 있으리라고 나는 생각한다. 인간의 두뇌는 완성되었거나 완성 중에 있는 복잡한 내분비선으로 무한대의 지각을 통해 감각의 기쁨을 충족시킨다. 그 나선적 운동은 4차원적 시간으로 열려진 길이며 아마도 그 수축운동은 속도를 의미할지도 모른다.

요약해서 감각명상은 한번에 단지 수분 간 지속되는 생화학적 과정을 통해 타인을 형제로서 느낄 수 있게 해주며, 또 자신이 '창조물'임과 동시에 '창조자'로서 존재하는 우주적 조화 속의 한 부분임을 느끼고 향수할 수 있게 해준다.

프롤로그

이 책의 저자 클로드 라엘은 경주용 자동차에 관한 잡지의 편집인이자 기자로서 활동을 하고 있을 무렵인 1973년 12월 13일 프랑스의 클레르몽 페랑의 한 사화산 분화구에서 우주인을 만났으며, 1975년 10월 7일에는 '비행접시'로 불리는 그들의 우주선을 타고 그들의 행성을 방문했다. 많은 사람들이 그후 TV를 통해 그가 특이한 체험에 대해 이야기하는 것을 본 적이 있을 것이다.

다른 행성으로부터 온 엘로힘이라고 불리는 이 사람들은 라엘에게 일련의 특별한 메시지를 위탁했다. 그것은 「진실을 알리는 책」, 「우주인은 나를 그들의 행성에 데려갔다」, 그리고 「우주인을 맞이하자」라는 3권의 책으로 출판이 되었다. 이 메시지는 우주인들이 어떻게 지구에 오게 되었으며, 고도로 진보한 유전공학기술을 통해 지구상에 '그들과 닮은' 인간을 포함한 모든 생명체를 어떻게 창조했는가에 대해 기술하고 있다. 또 지구상의 모든 중요한 종교적 문헌 – 성서를 포함하여 – 들이 사실은 이 과학적 창조를 묘사하고 있다고 설명하고 있다. 「구약성서」 중 「창세기」편에 "태초에 엘로힘의 영이 물위를 거닐었다.", "첫날에 엘로힘은 이것을 했다.", "둘째 날에 엘로힘은 저것을 했다."는 구절에서 보듯이 '엘로힘'이란 단어가 수없이 나온다. 고대 히브리어 성서 원전에 나오는 이 '엘로힘' – 문자 그대로는 '하늘에서 온 사람들'을 뜻한다 – 이후에 편찬된 다른 성서에서는 '하

18

느님 (GOD)'으로 번역되고 있다. 무엇보다도 복수형을 뜻하는 '엘로힘'이 단수로 바뀐 것이다. 그러나 몇몇 번역자들은 '엘로힘'이 '하늘에서 온 사람들'을 의미한다는 사실을 잘 알고 있었으므로 복수형의 고유명사를 그대로 사용함으로써 'GOD'로 오역하는 잘못을 피했다. 덕분에 오늘날에도 일부 성서에서는 이 '엘로힘'이란 말을 쉽게 찾아볼 수 있다. Edouard Dhorme에 의한 성서번역본이 그 한 예이다.

이러한 관점에서 보면 "엘로힘이 그들의 모습을 본떠 인간을 창조했다."는 성서구절이 보다 쉽게 이해된다. 특히 오늘날에는 우리들의 과학자들도 DNA를 합성하기 시작했으며 가까운 미래에 우리들도 "우리자신의 모습과 닮은" 다른 인간을 창조할 수 있게 될 것이다. 우리들이 공기보다 무거운 물체를 날릴 수 있게 된 것이 불과 금세기 초였다는 것을 돌이켜보면 우리들의 원시적인 조상이 하늘에서 나타난 것은 무엇이든 신성시 할 수밖에 없었으리라는 점은 더욱 명백하다. 태평양에 있는 한 섬의 원주민들은 오늘도 '하늘로부터 온 백인 신들과 그들의 금속제로 된 새들'을 기다리면서 빈 코카콜라 깡통과 껌 껍질을 놓고 절하고 있다. 이 백인 신들이란 실은 일본과의 전쟁 당시 그 섬을 공군기지로 사용하고 있던 미군들을 가리킨다. 종전이 되면서 미군들이 철수하자 원주민들에게는 미국제 물건이 하늘에서 떨어지는 것을 간절히 기다리는 '공수품 신앙'이 시작된 것이다.

실험실에서 최초의 인간을 창조한 사람들이 전한 메시지의 책은 모든 종교의 신비를 명쾌하게 벗겨낼 뿐만 아니라 감각명상이라는 인간의 개화와 완성을 위한 놀라운 방법도 제시해 주고 있다. 라엘이 가

저온 이 특별한 메시지의 전파를 돕기 위해 모여든 수많은 사람들은 프랑스와 캐나다의 캠프장에서 7월과 8월에 실시되는 각성실습을 통해 이 명상법의 경이로운 효과를 스스로 체험할 수 있었다. 그 사람들은 이제 기쁨과 개화와 완성을 추구할 수 있는 이러한 명상센터를 세계 각지에 세움으로써 이 기술을 보다 많은 사람들에게 보급하기를 희망하고 있다. 또 많은 사람들이 스트레스에 찬 하루를 보낸 다음 자신의 조화를 되찾기 위해 또 더 높은 자기향상과 개화를 추구하기 위해 실습에서 배운 명상기술을 언제 어느 곳에서도 꾸준히 익힐 수 있게 되기를 바랐다. 이런 연유로 이 책과 6권의 CD와 카세트 테이프로 된 기본프로그램이 탄생하게 된 것이다.

1

시계는 시계공이 알고 있다

> "사물의 진실을 꿰뚫어 본 자는 행복하다."   .....버질

좌측페이지에 그려져 있는 마크를 보고 아마 당신은 놀랐을지도 모른다. 이 마크는 그 중심부분을 도용해 지구 역사상 가장 끔찍한 인종말살을 저질렀던 인류의 대역죄인 나치스의 문장과는 아무런 관계가 없음을 분명히 밝혀 둔다.

실제로 이 마크는 시간과 공간에 있어서 무한성(無限性)을 나타낸다. 정점이 아래로 향한 삼각형은 무한소를 나타내고 정점이 위로 향한 것은 무한대를 나타낸다. 물론 이 두 가지 무한은 연속되어 있다. 중심에 위치한 만(卍)자는 시간의 무한성을 나타내는데, 시간도 역시 무한소와 무한대의 세계에 똑같이 적용된다.

우리들보다 2만 5천년이나 진보한 과학덕분에 엘로힘은 우리들을 구성하고 있는 원자의 미립자들도 그 자체가 우주이며 그 속에는 우리들과 같은 지적생명체가 살고 있는 행성들이 존재하고, 그들 역시 또 다른 우주인 원자의 미립자들로 구성되어 있다는 사실을 증명할 수 있었다.

엘로힘은 또 우리 우주의 별들이 어떤 거대한 생물체의 한 부분을 이루는 원자의 미립자를 구성하고 있다는 사실도 증명할 수 있었다. 아마 이 지적 생명체도 그의 행성에서 하늘을 바라보며 그들 우주 – 역시 거대한 원자의 미립자에 지나지 않는 – 의 다른 곳에도 생명체가 존재할 것인가에 대해 의문을 던지고 있을지도 모른다.

실험실에서 우리들을 창조한 우주로부터 온 이들 엘로힘은 시간 역시 그것이 경과하는 우주의 질량에 반비례한다는 사실을 발견했다. 말하자면 우리들에게 있어 1초는 우리들의 발가락 속에 있는 행성 위에 사는 사람들에겐 수천만 년이며, 반대로 우리들의 한 평생은 지구가 그 원자 속의 미립자인 사람들에게 있어서는 1초의 몇 천만 분의 1도 안 될 것이다.

성서에 씌어진 '한줌의 흙', 즉 지구상의 흙으로부터 추출한 화학물질로 실험실에서 생명을 창조할 수 있는 문명의 단계에 도달한 사람들은 그들의 창조물에 무수히 다양한 특성을 부여할 수 있었다. 나비의 날개 색깔이든 꽃잎의 모양이든 이 모든 것들이 엘로힘에게는 간단한 일이었다. 그들이 고안하고 있는 종의 특성을 유전자코드에 프로그램해 넣기만 하면 되는 것이었다.

개체의 신체적 특성에 적용할 수 있는 조건은 그 심리적 특성에도 적용된다.

아주 최근에 동물의 행동을 지배하는 두뇌 속 어떤 부분에 화학물질에 의한 반응을 일으켜 늑대를 겁쟁이로 만들거나 양을 난폭하게 만드는 등 실험실에서 동물의 행동을 바꾸는 것이 가능해졌다. 이 분야에 있어 우리들의 과학은 이제 겨우 시작단계에 지나지 않는다.

만일 우리들이 실험실에서 동물을 창조한다면 무엇보다도 먼저 그 것의 신체적 외양을 부여하고 그 다음에 그 심리적 특성을 결정해야 할 것이다. 심리적 특성은 명백히 그 외형에 영향을 주기 때문에 만 일 초식동물을 만들 경우, 풀을 씹어 먹는데 적당한 치열을 생각하지 않으면 안 될 것이다.

어떤 동물을 매우 추운 기후대에 살게 하려면 두꺼운 털을 갖게 해 주어야만 할 것이다. 또 그 동물이 눈 속에서 살아간다면, 그리고 같 은 지역에 그 동물을 잡아먹는 육식동물이 있어 너무 쉽게 먹이가 될 가능성이 있다면, 이 위험한 기간동안 그 동물의 털을 순백색으로 만 들어 줄 것을 생각하지 않으면 안 된다.

생식에 관해서는 완전한 재생을 위해, 모태 내에서 언젠가 또 하 나의 생명으로 발육하게 될 세포, 즉 '조직화된 암'의 성장에 필요한 기관을 동물에게 부여하는 것을 고려해야만 한다.

또 일년 중 어느 기간에 동물의 암컷이 교미하기 위해서는 수컷을 불러들이는 특별한 냄새의 어떤 분비물이 발산되도록 결정하지 않으면 안 된다. 물론 수컷도 그 냄새를 맡을 수 있는 후각을 갖추어야 한다. 그것이 뇌 속의 어느 중추에 연결되어 수컷으로 하여금 교미욕구를 일 으키게 해야 할 것이다. 어떤 종류의 나방의 암컷은 수 킬로미터 밖의 수컷이 맡을 수 있는 냄새를 발산한다는 사실은 이미 잘 알려져 있다. 이것은 그 나방의 '코'의 뛰어난 성능을 보여주는 것이라 할 수 있다.

이렇게 해서 우리들은 우리들이 만들고자 하는 동물의 암컷과 수

컷에게 어떻게 교미욕구를 일으킬 것인가에 대해 생각해 보았다. 다음으로 우리들은 교미행위 자체가 암수 쌍방의 두뇌 속에 쾌감을 불러일으키도록 해야 한다. 그것은 파블로프의 조건반사의 힘을 빌려 양자가 거듭해서 교미욕구를 갖게 하기 위한 것이다. 그러기 위해서는 자극을 뇌에 전달하고 쾌감을 일으킬 수 있는 신경말단을 성기관에 갖추게 할 필요가 있다.

따라서 강한 쾌감을 얻게 하려면 암수 상호간의 성기관의 접촉 면적이 충분히 넓어야 한다.

그리하여 우리들이 만들고자 하는 동물의 기능과 관계된 심리적 특성은 그 신체적 특징의 대부분을 조건 짓는다는 것을 알 수 있다.

우리들이 만들고자 하는 동물의 심리적, 신체적 그리고 행동상의 여러 특성은 모두 유전자코드의 조합에 의해 프로그램된다는 것을 분명히 이해하는 것이 중요하다. 그것은 알파벳의 글자를 나열하는 방법에 따라 길고 읽기 힘든 문장이나 짧고 간결한 문장, 전문적이고 난해한 문장, 혹은 시적이고 정열적인 문장이 될 수 있으며, 또 동일한 알파벳으로 구성된 문장이 독자에게 증오, 성욕 또는 타액분비 등 여러 가지 반응을 일으킬 수 있는 것에 정확히 비교될 수 있다.

문자를 일정한 방법으로 배열하는 대신 원자나 분자를 일정한 순서로 배열함으로써 두개의 날개를 갖고 있는 동물이나 사족(四足)동물, 또 초식동물이나 육식동물, 태생류나 난생류 등 무엇이든지 만들어 낼 수 있는 것이다.

모든 생물이 가지고 있는 이 유전자로 된 문장을 과학적으로 유전자코드라고 부른다. 비전(秘傳)되어온 어떤 전통에서는 그것을 '각 동물의 명칭' – 그 자신의 고유한 이름인 동시에 그 이름에 '대답'하는 – 으로 간주하고 있다.

이리하여 우리들이 어떤 생물을 만들고자 할 때 우리들이 원하는 대로 욕구나 행동, 습성 등의 심리적 특성과 마찬가지로 신체적 특성들을 설계할 수 있음을 알았다.

엘로힘이 지구상의 생명체를 설계했을 때 그들은 방대한 종류의 동물들과 식물들을 창조했다. 그들은 이 생물들의 욕구와 증식시스템에 균형을 이루게 함으로써 환경이 창조 당시와 동일한 한 생물 전체가 번식하고 오랫동안 살아남도록 했다.

현대적인 용어를 빌리자면, 엘로힘에 의해 실험실에서 창조된 지구상의 동식물 전체가 생태학적인 균형을 이루지 않으면 안 되었다. 식물은 초식동물의 먹이가 되고 초식동물은 육식동물의 먹이가 된다. 육식동물이 너무 많이 불어나게 되면 먹이가 부족해지고, 그 결과 약해져서 대개 전염병으로 많은 수가 죽게 된다. 이 전염병에서 극히 소수의 육식동물이 살아남기 때문에 초식동물은 다시 많은 숫자로 번식하게 된다. 이들은 살아남은 육식동물에게 풍부한 먹이를 제공하게 되고, 이러한 사이클은 무한히 계속된다. 차례로 먹고 먹히는 이러한 불균형의 연속이 전체의 생태학적 균형을 이루게 하며 창조물 전체의 존속을 가능케 해준다.

성서에 기술된 대로 엘로힘이 최종적으로 '그들의 형상대로' 자기들의 모습과 닮은 인간을 창조하기로 결정했을 때, 그들은 인간에게 그들과 동일한 신체적 외형과 심리적 특성을 부여하기로 했다. 시계를 만든 시계공 이상으로 시계에 대해 잘 아는 자가 있겠는가? 물론, 있을 수 없다. 따라서 인간의 모든 심리적 특성들은 그를 창조한 자들에 의해 명백히 의도적으로 부여된 것이기 때문에 이들 능력을 활용할 수 있는 최선의 방법은 「사용설명서」를 통해 설계자들 자신만이 줄 수 있는 것이다.

이 점에 관해서 인간과 동물의 차이점을 분명히 해 두는 것이 중요하다. 동물들은 자연적인 서식처에서 그것을 변경하는 일 없이 자라고 완성되게끔 설계되었다는 단순한 이유로 그들의 환경 안에서 자동적으로 자라고 완성된다. 반면, 인간은 환경을 개조할 수 있도록 설계되었다. 사실 동물들은 그들이 질문할 수 없는 기호와 욕구가 이미 부여된 채 설계된 반면, 인간은 모든 면에서 자기 습성을 변경하는 것이 가능하다.

예를 들어, 주거 상태를 살펴보면 개똥지빠귀는 항상 똑같은 방식으로 둥지를 지어 왔으며 또 앞으로도 항상 그럴 것이다. 반면 인간은 움막에서 초옥, 에스키모의 이글루 등을 거쳐 고층빌딩에 이르기까지 다양한 형태로 변화시켜 왔다.

하지만 실은 인간을 특징짓는 이 높은 지성이야말로 인간이 자연스럽게 자기완성과 개화를 이루려고 할 때 부딪치는 장애의 본질적인 원인이 되고 있다.

새가 잘 자고 잘 먹고 태양아래서 깃털을 고를 때 새는 자동적으로 완전한 조화상태에 있게 된다. 새는 그의 가능성을 최대로 살려 또 다른 가능성에의 여운을 남기는 일이 없다. 새에게는 '높이'를 느끼는 것이 타고난 성품이기 때문에 자동적으로, 나는 것을 기분 좋게 느낀다. 새는 결코 그의 행동이나 생활방식에 관해 의문을 품도록 프로그램되지 않았기 때문이다. 새들은 모든 동물들과 같이 특수하게 프로그램된 컴퓨터들인 것이다.

이에 반해 인간은 탄생한 이래 자기 자신에 대해 끊임없이 질문을 계속해 왔다. 바로 이 때문에 인간은 창조자인 것이다. 잘 자고 잘 먹은 후에도 인간은 식량부족 시를 대비해서 충분히 식량을 축적하는 방법에 대해 생각한다. 그것이 이루어지면 또 다른 문제를 생각하고, 그리하여 끝없이 질문하면서 모든 수준에 있어 자신을 재평가해 나아갈 것이다. 주거나 식량 등 일생을 사는데 필요한 모든 것을 충분히 가지고 있다고 해도 사람들은 여전히 더욱 더 놀랍고 모험적인 계획에 손을 뻗칠 것이다. 그것은 예술에 대한 사랑으로 예술적 창작에 몰두하거나 재산을 늘릴 목적으로 사업을 창시하는 일이 될 수 있고, 혹은 단순히 무엇인가 한 가지 '일'에 전념하는 일이 될 수도 있다.

요컨대 그것이 주거, 식량, 일, 휴식 혹은 성생활에 있다 하더라도 인간은 항상 변화를 추구한다. 인간은 다른 동물들과는 달리 완전히 자기 프로그램이 가능한 컴퓨터로 설계되었기 때문이다. 말하자면 인간은 항상 그의 습관이나 전통, 도덕관에 대해 끊임없이 질문하고 검토하며, 재고하는 것이다. 비록 자신에게 부단히 물음을 던질 수 있는 이 능력이 동물에 대한 인간의 상당한 우월성을 나타낸다고 해도, 완전한 각성에 도달하기 위해서는 이 능력을 최대로 개발할 필요가 있으며, 또한 인간은 그의 환경 속에서 자신을 적절히 위치시켜 나갈 필요가 있다. 다시 말해 그의 환경 속에 '그가 현재 있는 곳'이 어디쯤인가를 알 필요가 있다.

이 훈련을 행할 때 우리 자신을 분명히 의식하고 있으면 엑스타시의 순간을 맛볼 수 있을 뿐만 아니라, 그 결과 자기 프로그램 능력을 더욱 효과적으로 개선할 수 있다.

끊임없이 계속되는 자기의문과 평가의 인간성 속에 취하는 이러한 순간의 휴식은 마치 새가 나뭇가지에 앉아 햇볕을 받으며 다만 노래하는 즐거움 때문에 노래하고 있는 순간에 비유할 수 있다.

이것이 우리들 인간이라고 하는 경이로운 기계의 「사용설명서」의 일부이다. 우리들의 문명이 그것을 이해하고 사용할 수 있는 수준에 온 이제야 창조자들은 우리들에게 그것을 전달해 준 것이다.

시계공 이상으로 시계의 사용법에 대해 잘 설명해 줄 수 있는 사람이 있겠는가?

감각명상은 오래 전 실험실에서 우리들을 창조하기 위해 머나먼 그들의 행성으로부터 날아온 이 사람들에 의해 밝혀진 것이다. 지금의 모습대로 우리들을 설계한 창조자들로부터 주어졌다는 단순하고 소박한 이유만으로도 감각명상이 인간의 각성과 완성을 위한 가장 간단하고도 가장 효과적인 기법이라 할 수 있다.

확실히, 많은 방법들이 현재 알려져 있고 그 대부분이 동양으로부터 전해져 왔다. 이들은 오래 전에 붓다나 티베트의 승려 등 일부 예언자들이 엘로힘으로부터 전수받은 것들이었다. 그러나 이러한 가르침은 당시 아주 어리석은 미신과 신앙에 사로잡혀 있던 미개인들에게 주어진 것이고 그들 대부분이 엘로힘의 가르침을 그릇되게 또는 부분적으로만 이해했기 때문에 제자들에게 계속 전해지는 동안 거의 완전히 왜곡되고 말았다.

엘로힘이 준 가르침은 너무나 자주 당시 원시적 신앙과 혼합되어 종교들을 만들어 냈으며, 이러한 종교들이 일부 우수한 명상법을 보존해 오긴 했지만 불행히도 강압적인 신비주의와 퇴행적인 의식주의에 의해 뒤범벅이 되어 왔다.

엘로힘의 최근 메시지 덕분에 재발견된 본래의 명상교육은 원점으로의 회귀를 의미하며 우리들로 하여금 모든 동양적 기법의 확고한 근거를 이해할 수 있게 해준다. 이것은 바로 우리들의 창조자들이 그들의 창조물이며 친자식처럼 사랑해 온 인간의 심신조건을 개선하기 위해 태초부터 끊임없이 우리들을 도와 왔다는 사실을 명백히 증거하는 것이기도 하다.

그러나 원시적이고 신비적인 우주관으로부터 나온 잘못된 관념이나 죄악감을 마음으로부터 불식시키지 않는 한 완전한 조화를 달성할 수 없음을 부언해 둘 필요가 있다. 그러므로 동양의 단체가 가르치는 명상법은 그 자체 우수한 것도 있지만 그 방법의 전부를 깊이 물들여 버린 신비주의적 색채에 의해 그 효과가 많건 적건 간에 상쇄되어 마침내는 본래의 의미를 완전히 상실하고 있는 것이다.

감각명상은 수세기 동안에 걸쳐 쌓인 신학적 섭네기의 장애를 벗어

버리고 명상본래의 각성기술을 다시 발견할 수 있게 해준다.

그러면, 시계공의 「지시설명서」로 들어가 보자.

2

완전한 각성에 이르는 단계들

완전한 각성에 도달하는 길은 몇 가지 단계로 구분되어 있으며 이 단계들은 일정한 순서에 차례로 따라야만 도달할 수 있다. 그리고 처음부터 한 단계씩 차근차근 올라가지 않는다면 계단의 정상에 도달할 수가 없을 것이다. 이 계단의 첫 단계는 '갑작스러운 자각'이라고 할 수 있다. 어느 날 갑자기 우리 생활이 얼마나 평범하고 무의미한가를, 또 거기엔 뚜렷한 목적이 없다는 것을 깨닫게 된다. 졸업장이나 돈, 또는 이상적인 파트너 따위를 추구하느라고 생의 대부분의 시간을 헛되게 낭비해 왔다는 느낌, 그리고 사회에서나 가정에서 우리 자신이 '선택권이 있었다면' 결코 원하지도 않았을 역할을 연출하고 있는 자신을 발견하는 일이다.

일단 이러한 불만족한 상태에 대한 자각이 생기면 – 당신의 경우 그러한 자각이 없었다면 이 책을 읽고 있지 않을 테지만 – 다음 단계는 '정보'의 단계이다.

우리들의 삶에 무언가 잘못된 점이 있다고 자각할 때 그것은 보통, 정보에 대해 알고 싶은 마음을 일으키는 계기가 되는 어떤 '돌발적 사건'에 기인한다. 이러한 계기는 우리가 정상이라고 생각했던 것과는 다른 방식으로 사는 사람을 만났을 때인데, 여태껏 우리들의 생활방식이 최선이라고 믿어온데 반해 그 사람이 훨씬 더 행복하게 살고 있음을 발견할 때이다. 또 책이나 영화를 통해 우리가 절대적으로 이론의 여지가 없다고 믿어 왔던 것이 돌연 불확실하게 느껴지기 시작할 때이다.

이 유익한 '돌발적 사건'은 우리가 평상시 해 오던 것과 다른 방식으로 살고 생각하는 것이 가능할지도 모른다는 자각을 일으킨다. 우리들이 자라면서 주입받은 일정한 원칙에 의문을 품는다는 것이 처음에는 충격적이거나 수치스럽게 보여진다 해도, 또 '우리들'의 규범밖에 살고 있는 사람들이 진정으로 행복한지 또 그들의 미소가 절망이나 불안을 그 이면에 감추고 있지나 않은지에 대한 단순한 궁금증일 수도 있지만 우리들은 여전히 그에 대해 더 알고 싶어지는 것이다.

중요한 것은 일체의 선입감 없이 우리 자신에게 진실을 알리는 일이다. 무엇보다도 스스로 질문을 던질 만큼 용기가 없는 사람들의 중상에 가득 찬 비판을 무시해야 한다. 이들은 지금보다 더 불행해지지나 않을까 하는 공포심 때문에 더 이상 알기를 두려워하고 비웃고 싶어지는 것이다. 자신감의 부족, 두려움, 불행이 전통에 얽매여 있는 사람들의 마음을 가득 채우고 있다. 이해불가능한 것은 모두 기적이나 신의 힘, 또는 악마의 소행으로 간주하던 원시적인 우리 선조들로부터 물려받은 습관과 미신으로 가득 차 있는 것이다. 원시인들은 모든 사물이 좋든 나쁘든 어느 한편의 징조라고 믿었다. 혜성이나 검은 고양이, 일식 따위의 모든 것이 신성한 일의 전조가 되거나 악운의 예고로 여겨졌던 것이다.

이제 우리들은 우리 주변의 모든 것을 어떻게 과학적으로 분석하고 명료하게 설명할 수 있는지 알게 되었다. 이제 우리는 어떻게 실험실에서 생명을 창조하고, 어떻게 우주여행을 떠나고, 어떻게 동물의 행동이나 색깔에 변화를 일으키고, 어떻게 전자의안의 도움으로 맹인이 볼 수 있게 되는지를 알고 있다. 이러한 모든 사물을 이해할 수 있게 된 지금 우리들은 이전의 모든 미신들이 얼마나 어처구니 없는가를 알게 되었다. 그런데도 우리들은 여전히 그 미신들 속에서 자라고 교육받고 조건 지워지고 있는 것이다.

인간이 달 표면을 걷게 된 오늘날에도 다른 한편에서는 새로운 교황의 선거가 모든 신문에 대서특필되고, 심령영화가 최고흥행거리가 되는가 하면, 가뭄에 비를 기원하기 위해 미국인들이 행진을 하는 것도 바로 그 때문인 것이다.

그러나 당신은 편견없이 진실을 알기 위한 길을 택했으므로 이런 부류의 무지와 미신에 가득 찬 상황이 얼마나 어리석은가를 스스로 알기 시작했다. 이런 상황은 정부들에 의해 교묘하게 조장되어 왔는데 그들에게는 국민이 너무나 많은 의문을 품지 않는 것이 유리하기 때문이다.

그러나 여기서 우리들의 명상프로그램으로 되돌아가자.

일단 우리 자신에게 올바른 정보가 주어지면 다음 단계로 넘어가게 되는데, 우리들의 전체 의식수준이 향상되면 새로운 자각이 생기게 된다. 즉 우리들이 아주 당연하게 받아들이고 있던 것이 실은 우리들의 교육에 의해 조건지어진 결과에 지나지 않는다는 사실을 깨닫게 된다.

그 다음에는 아마 가장 중요한 단계가 될 수 있는 세 번째 단계가 시작된다. 이 단계에서는 우리들이 생각지도 않았던 사건에 부딪쳤을 때 우리 생활의 다양한 환경 속에서 지금까지 받아들여 온 지배적인 관념들을 조직적으로 제거해 나가지 않으면 안 된다.

우리 행동을 지배해 온 모든 것에 대해 춘계대청소를 조직하는 것이 바로 이 제3의 단계이다. 이것은 자기 자신이 행하는 '세뇌'이다. 우리들에게 의식적으로나 무의식적으로 제약을 가하는 두뇌를 채우고 있는 모든 난잡한 요소들 – 따라서 보다 불쾌하고 위험스러운 – 을 이 기관으로부터 깨끗이 청소해 내는 것이다.

요컨대 깨어 있기 위해서는 우리들의 행동과 반응의 모든 것을 의미깊게 질문해 보는 것이다. 그리고 어느 것이 교육받은 결과에 의한 것인지 어느 것이 진정한 우리들 자신으로부터 우러나온 것인지를 구분하고, 교육받은 요소들 중에서 우리들의 참된 기호와 이상에 어긋나는 것들을 제거하는 일이다.

의식적으로나 또는 무의식적으로 우리들을 조건짓는 일체의 요소들 – 그것은 무의식중에 우리들의 기호나 우리들이 좋아하는 것, 또는 싫어하는 모든 것에 작용하고 있는데 – 을 제거한 다음에 제4단계에 도달한다. 이 단계에서는 우리들이 교육자나 양친, 또는 환경의 간섭을 받지 않고 우리들 자신의 진정한 기호에 따라 자신의 재프로그래밍을 시도하는 것이다. 즉 개인적 성향에 있어서 자신에 고유하고 진정한 기호, 좋은 것과 싫은 것을 발견하고 그것에 따라 자기자신을 재프로그램하는 일이다.

일단 우리들의 마음 속에 금기시된 요소들을 제거한 다음, 우리들의 감각을 각성시킴으로써 이 프로그램 재편성을 의도적이고 자발적으로 행할 수 있다. 말하자면 우리들의 감각을 최대한으로 사용함으로써 우리들의 전 존재가 우리들을 구성하고 있는 무한과 우리들을 둘러싸고 있는 무한과 연결되는 것이다.

그런 다음 우리들은 최종 단계로 접어드는데 이로부터 시간과 공간의 완전한 지구적 자각을 통해 완전한 각성에 이르는 무수한 계단이 이어진다. 이것은 고도의 의식수준에 의해 가능하며 이 단계에 도달한 사람들은 항구적인 완전한 조화의 상태에서 살게 된다. 그러나 우선 처음부터 시작하자. 그리고 첫걸음 때부터 넘어지지 않도록 주의하자!

완전한 각성에 도달하는 단계들

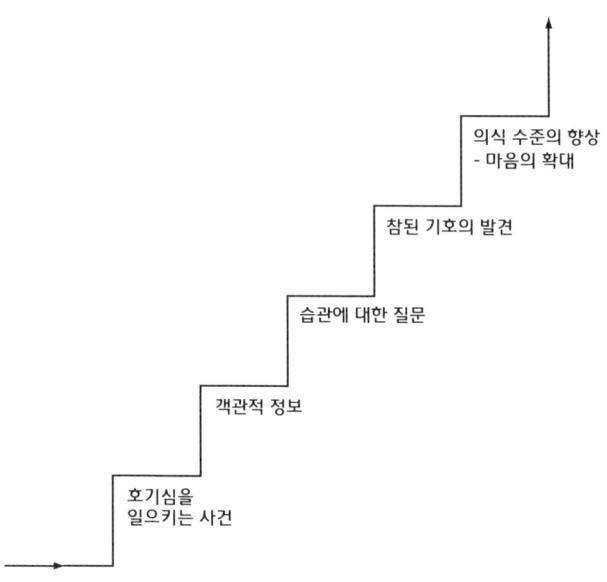

3

자기 자신에 대한 자각

우리들이 받아 온 교육은 무의식중에 우리들 자신을 조건지어 왔고 교육자들에 의해 위선적으로 주입된 두 가지 신조 사이에서 서성거리게 했다. 두 가지 신조 중 하나는 '신(GOD)'에 대한 신앙으로 인간은 신에 의해 초자연적으로 창조되었다는 것이다. 또 한 가지는 인간이 상상을 초월한 무수한 우연의 돌연변이의 연속에 의한 장기간 진화의 결과로 생겨났고 우리들의 선조는 원숭이라고 주장하는 과학자들의 신조이다. 실제로 많은 '과학자들'이 평일에는 진화론을 가르치면서 일요일 아침에는 교회를 간다. 어쩌다 아이들이 그 이유를 알고 싶은 대담한 생각이 들어 "왜요?"라고 '악착같이' 묻게 되면 십중팔구는 "잠자코 수프나 먹어라."라는 말을 듣게 된다. 왜 그럴까? 교육자들 자신이 자손들에게 어떻게든 전하지 않으면 안 되는 신성한 전통과, 그 자체의 과학적 진실과는 관계없이 교육방침을 결정하는 당국에 의해 정통으로 인정된 이른바 과학적 이론사이에서 방황하고 있기 때문이다.

이러한 상황에서 당신은 어떻게 교육자들이 스스로 균형을 잃지 않고 불안해하지 않기를 바랄 수 있겠는가? 그리고 만일 교육자 자신이 불안하다면 그가 육성하고 있는 어린이들에게도 필연적으로 그의 불안이 전달될 것이다. (그렇다면 '육성'이 아니고 '저해'라고 해야 할 것이다.)

우리들의 존재가 지적행위에 의한 결실이며 다른 행성에서 온 사람들에 의해 설계되었다는 점, 또 그들이 그들 자신의 모습대로 – 즉 우리들이 어디서 왔고, 왜 여기에 있으며, 또 어떻게 될 것인지 이해할 능력을 지닌 존재로서 – 우리들을 창조했다는 사실을 깨달을 때 문제는 근본적으로 달라진다.

무엇보다도 앞서 말한 것처럼 우리라는 시계가 어떻게 작동될 수 있는가에 대한 그「지시설명서」가 시계공 본인들로부터 주어진 것이다. 이것이야말로 큰 행운이 아닌가!

그러나 사용법에 대해 말하기 전에 우선 시계란 무엇이며 또 어떻게 작동하는지 알아보자.

과학자들 중 많은 사람들이 이미 진화론에 대해 회의를 나타내고 있으며, 일부 미국 대학에서는 생명의 창조가능성을 가르치고 있다는 사실을 유의할 필요가 있다.「진화냐 창조냐」라는 저서는 진화론이 어느 정도나 비논리적이고 비과학적인가를 제시하고있다.

인간 : 자기 프로그래밍과 자기 재생이 가능한 생물컴퓨터

우리들은 일종의 기계, 즉 컴퓨터 이외에 아무 것도 아니다. 그리고 그 성능도 현재 우리들 자신이 만든 어떤 것과 비교하면 하찮은 것에 지나지 않는다.

기계가 작동하려면 우선 에너지를 스스로 공급할 수 있어야 한다. 우리들은 배가 고프면 일을 멈추고 다시 힘을 내기 위해 음식을 먹는다. 영국의 연구가들은 픽업트럭과 같은 일을 하루 종일 할 수 있는 금속제 로봇을 설계했다. 배터리가 다 닳으면 차륜과 카메라를 갖춘 이 기계는 작업을 멈추고 전원이 있는 곳까지 가서 플러그를 꽂고 스스로 재충전한다. 그것은 우리들과 마찬가지로 '먹고' 배터리가 충분히 충전되면 플러그를 뺀 다음 다시 작업에 들어간다. 그러므로 욕구를 느낄 때 스스로 에너지를 보충하는 능력이 기계에 대한 인간의 우월성을 나타내는 것은 아니다. 그뿐 아니라 태양에너지로 움직이고 우기에 대비해 에너지를 저장함으로써 쉬지 않고 일할 수 있는 로봇에 대한 연구도 현재 진행 중이다. 실제로 인간은 태양에너지로 먹는 것을 직접 대신할 수는 없다. 따라서 에너지원에 있어서 기계에 대한 인간의 첫 번째 열등성이 나타난다.

그럼 이제 시각이 인간의 우월성을 보여주는지 살펴보자. 우리들은 방금 스스로 '볼 수 있는' 카메라를 장치하고 우리들과 같이 장애물에 부딪히지 않고 돌아다닐 수 있는 로봇에 관해 밀했다. 이 카메라들은 로봇의 컴퓨터에 연결되어 우리들의 두뇌와 똑같은 방법으로 전달된 이미지를 분석한다.

시력에 있어서도 기계에 대한 인간의 우월성을 찾아볼 수 없다. 뿐만 아니라 로봇의 컴퓨터에 다중렌즈 카메라들을 간단히 부착할 수도 있다. 그 중 줌렌즈는 수마일 밖을 내다볼 수 있게 해주고 광각렌즈는 한번에 넓은 지역을 볼 수 있게 해줄 것이다. 또 현미경은 극히 작은 것을 볼 수 있게 해주며, 적외선 카메라를 부착하면 밤에도 볼 수 있게 된다. 이와 같은 일을 동시에 그리고 순간적으로 행하는 것은 인간에게는 불가능하다. 이상과 같은 효과를 얻으려면 인간은 쌍안경이나 오목렌즈, 그리고 현미경이나 적외선 안경을 사용해야 하며 더구나 이것들 전부를 동시에 사용할 수도 없다. 이것은 인간에 대한 기계의 또 다른 우월성이라 하겠다.

다른 감각인 청각을 살펴보자. 우리들은 우리들을 둘러싼 음파의 극히 작은 부분밖에 들을 수 없다는 것은 이미 알려진 사실이다. 그러나 개는 초음파나 진동수가 낮은 음파를 들을 수 있다. 그러므로 로봇에게도 초음파나 극저음파의 수신기를 부착시킬 수 있다. 또 소리가 들려오는 방향과 거리까지도 정확히 탐지하도록 설계할 수 있다. 우리들로서는 그러한 성능이 불가능하다.

후각에 대해서도 마찬가지이다. 우리들이 할 수 있는 일은 어떤 냄새가 '좋은 냄새'인가 혹은 '나쁜 냄새'인가를 말할 수 있을 뿐이며, 냄새의 화학적 성분을 분석하는 것은 불가능하다. 그러나 로봇에게는 즉석에서 주변 냄새의 화학적 성분을 분석하게 하고, 발생지로부터의 방향과 거리, 그리고 인간이 구분하지 못하는 유독성 여부를 알아낼 수 있게 설계할 수 있다.

촉각에 대해서도 우리들은 똑같이 제한되어 있다. 우리들이 물건을 만질 때 할 수 있는 말은 '뜨겁다', '차다', 혹은 '단단하다', '부드럽다'등으로 사실 매우 막연한 표현밖에 할 수 없다. 그러나 로봇의 컴퓨터는 인간의 손에 해당하는 감지기를 통해 그것이 만지는 물건의 무게, 경도, 온도를 정확하게 측정할 수 있다.

마지막으로 미각도 우리들은 단지 '달다', '짜다', 혹은 '맛이 있다', '맛이 없다'를 말할 수 있는 정도로 제한되어 있다. 상한 생선이라도 입맛에 맞는 양념으로 듬뿍 조리해 놓으면 정신없이 먹을 것이다. 반면 컴퓨터에 물질의 성분을 말해 줄 수 있는 화학분석기를 장치해 놓으면 비록 태양에너지를 직접 섭취하는 그 자신에게는 효용이 없을지 모르지만 인간이 먹고 있는 음식의 성분을 알려주는 도움을 줄 수 있을 것이다. 이렇듯이 간단한 기계라도 인간에 비해 열등하지 않을 뿐 아니라 무한히 우월한 성능들을 부여할 수 있음을 살펴보았다.

이제 남은 것은 제6감, 초감각적인 지각능력으로, 인간이 거의 사용하고 있지 않은 이 능력도 컴퓨터는 훨씬 더 잘 사용할 수 있다. 통상적인 오감을 사용하지 않고 정보를 전달하는 일은 라디오 통신에 의해 매일 행해지고 있다. 그러므로 로봇에게 송수신기를 부착해 주어 다른 로봇과 교신할 수 있게 하는 것은 아이들 장난같이 쉬운 일이나. 따라서 결론적으로 인간이 하는 일은 어떤 것이든 컴퓨터가 더 잘할 수 있다는 사실이다.

그러나 우리들의 감각능력이 매우 한정되어 있음을 알게 되었다고 해도 당신은 인간의 '신성한 본질'이 어딘가 다른 곳에 존재하지 않을까 하고 질문할지 모른다. 인간의 기억력은? 불가능하다! 알다시피 어떤 낡은 소형 컴퓨터라도 그 기억장치 속에 학자들이 할 수 있는 것보다 훨씬 더 많은 정보를 입력할 수 있고, 또 그것을 즉석에서 실수 없이 기억해 낼 수 있다. 점점 우리들의 환경의 일부가 되어 가고 있는 컴퓨터의 정보처리에서 우리는 매일 그것을 경험하고 있다. 예를 들어 소형계산기나, 8개국 외국어 사전에 상당하는 포켓번역기, 또 세계 챔피언 급의 수준에서 체스상대를 해주는 전자장치 등이 있다.

그러나 이것은 겨우 컴퓨터 정보화시대의 시작에 지나지 않는다. 매년 전자부품들은 그 성능이 증가되고 있다. 몇몇 과학자들은 모든 분야에 걸친 인간 지식의 전부를 단지 몇 밀리미터도 안 되는 작은 결정체 속에 집어넣는 것도 가능하리라고 이미 예측하고 있다.

당신이 지금 읽고 있는 이 책은 획기적인 정보처리 시스템에 연결된 디스크에 직접 씌어졌다. 하지만 그것도 수개월 후에는 이미 시대에 뒤떨어진 것이 될 것이다. 크기가 45회전 레코드만한 소형디스크는 이 책 부피의 두 권에 씌어 있는 모든 문자 및 정보를 수록할 수 있는 것이다.

이와 같이 이 모든 것 안에는 '신성한 본질'과 같은 것은 없으며, 대체할 수 없는 인간의 특성도 존재하지 않는다.

예술작품을 창조하는 능력에 대해서는 어떨까? 이것도 역시 가망이 없다! 최근에 이미 음악을 작곡하고 또 연주하는 컴퓨터도 존재한다. 대중음악에서 점점 더 많이 사용되고 있는 신시사이저의 음색은 이제 누구나 듣고 있다. 그것은 모든 악기의 음색뿐만 아니라 인간의 목소리마저도 재생할 수 있는 컴퓨터인 것이다. 이 기계는 바흐나 모차르트의 음악을 세계의 어느 심포니 오케스트라에 못지않게 정확히 연주하도록 프로그램할 수 있다. 바이올린 100개로 구성된 오케스트라를 상상해 보자. 그 백 개의 바이올린이 모두 동시에 같은 음을 정확히 연주할 수는 결코 없을 것이다. 가장 빠른 연주자와 가장 느린 연주자 사이에는 항상 수십 분의 1초라는 시간차가, 또 각 연주자간에는 수백분의 1초라는 시간차가 있을 것이다. 그러나 컴퓨터는 백 개의 바이올린 소리를 합성할 수 있으며, 그것도 천분의 1초까지 정확히 동시에 연주시킬 수 있다. 이것은 아무리 훌륭한 명지휘자라 할지라도 인간 연주자에게서는 결코 기대할 수 없는 일이다.

혹자는 명지휘자의 기법과 개성을 나타내는 것이 다름 아닌 연주자들 사이의 미세한 연주시차에 기인한다고 주장할지도 모르겠다. 그러나 이러한 지휘자의 개성과 동일한 연주시차마저도 컴퓨터에 프로그램해 넣을 수 있는 것이다.

신시사이저의 또 한 가지 이점(利點)은 악기가 연주되는 방의 자연적 음향효과에 의존해야만 하는 종래의 악기보다 훨씬 순수한 음색을 낼 수 있다는 점이다. 이것은 녹음 시에 더욱 뚜렷이 볼 수 있는데, 이 경우 소리는 방의 음향효과에 의해 일그러지고 또 녹음이 되려면 마이크나 앰프를 거쳐야만 된다.

그리고 일단 녹음된 것은 다시 앰프와 스피커를 거쳐야만 들을 수가 있다. 이에 반해 신시사이저는 그것이 연주되는 공간의 음향효과에 의한 굴절 없이 거의 완벽한 순수음색을 직접 앰프로 흘려보낼 수 있는 것이다.

국립과학연구소(CNRS)의 책임자이며 작곡가인 쟝 클로드 리셰는 다음과 같이 말했다. "인간 연주자로서는 불가능한 정밀도로 어려운 악보와 복잡한 리듬을 연주할 수 있는 컴퓨터에는 거의 한계가 없다. 그리고 작곡가들 중에는 연주자의 수고를 덜어 주기 위해 컴퓨터만을 사용하기를 바라는 사람들도 있다."

소리에 대해 가능한 만큼이나 모양, 색채, 냄새, 맛에 대해서도 얼마든지 가능하다.

엉덩이의 곡선을 그리는 화가는 무한히 많은 선들 중에서 하나의 이상적인 선을 골라 그린다. 컴퓨터도 역시 이것을 할 수 있다. 컴퓨터는 긴 목의 인물을 그리는 모딜리아니나 무수한 수직선을 그리는 뷔페와 같은 화가들을 특징짓는 결점들을 포함하여 이것 역시 할 수 있다. 게다가 컴퓨터는 이 작업을 간단히 해낼 것이다. 이와 똑같은 방법으로 컴퓨터는 바흐 스타일의 악곡을 연주할 수도 있고 모딜리아니 식으로 대상을 그릴 수도 있는 것이다.

컴퓨터는 이전의 모든 스타일을 조사하고 대중의 기호에 맞는 새로운 스타일을 만들어 낼 수조차 있다. "창조성의 분야에 있어 컴퓨터의 역할은 아직 그 유아적 단계에 있지만 그 장래는 매우 유망하다." 그르노블 국립공예연구소의 아놀드 카프만은 이렇게 말하면서 매우 가까운 장래에 현실은 그의 예상을 훨씬 상회할 것이라고 덧붙였다.

컴퓨터는 이미 이미지를 창조하고 음악을 작곡하며 냄새를 합성하거나 건물을 설계할 수 있게 되었다.

창조성에 있어서도 인간이 기계보다 우월하지 않다는 사실을 우리는 인정하지 않으면 안 된다.

이제 무엇이 남아 있는가? 생식능력은 어떤가? 대답은 역시 마찬가지이다. 모양이 같은 다른 컴퓨터를 만들고 그 컴퓨터가 스스로 또 다른 것을 만들 수 있도록 프로그램한 컴퓨터를 설계하는 것은 손쉬운 일이다. 이렇게 함으로써 번식하고 증식할 수 있는 '종(種)'을 만드는 것이 가능하다.

따라서 인간의 능력 중에 기계적으로 재생불가능한 것은 아무 것도 없으며 인간은 기계에 대해 어떤 우월성도 지니고 있지 않다. 사실, 기술상의 가능성과 비교해 볼 때 인간의 능력이란 매우 평범한 것이다.

인간이란 자기 프로그래밍과 자기 재생이 가능한 생물컴퓨터에 지나지 않는다. 인간은 무한대 속에서 극히 작은 존재이며 그 자신 또한 무한소로 구성되어 있다. 인간은 영원에 의해 구성되어 있으며 동시에 영원을 구성하고 있기도 하다.

기계에 대한 인간의 유일한 우월성은 자신을 위한 봉사에 쓸 이 컴퓨터를 제조할 것인가 말 것인가, 또 그 성능을 어떤 수준으로 할 것인가를 결정하는 능력뿐이다. 인간은 실제로 자기들보다 뛰어난 능력을 컴퓨터에 부여할 수 있고, 나아가서는 컴퓨터가 지구를 지배하는 종으로서 그들의 창조자인 인간을 마침내 멸망시키도록 프로그램할 수조차 있는 것이다. 모든 것은 어떻게 프로그램하느냐에 달린 것이다.

그러나 우리들의 지시에 따르고 우리들에게 유익하게 사용될 수 있도록 그것들을 프로그램하는 것이 현명할 것이다. 그러면 우리들은 기계에 대해 전혀 아무런 우월성도 없다는 말인가?　영혼에 대해서는 어떤가 하고 당신은 질문할지 모르겠다.

　본서의 서두에서 본 것처럼 우주는 무한하고 그 중심은 존재할 수 없다는 사실이 '신'의 부재(不在)를 증명한다.　그리고 우리들을 창조한 사람들은 실험실에서 완벽한 유전자의 조작기술을 통해 생명을 창조했기 때문에 영혼은 존재하지 않는다.

　머지않아 우리들의 가장 진보한 과학자들에 의해 100% 합성된 인간이 만들어지게 되면 그때 비로소 영혼이 존재하지 않는다는 사실을 결정적으로 증명할 수 있게 될 것이다.　그러나 신이 존재하지 않는다 하더라도 무한은 존재한다.　무한은 우리들이 그 안에 존재하는 것과 마찬가지로 우리들 속에도 존재하며 또 영원히 존재한다.　만약 당신이 사용하는 '신'의 개념이 이 무한을 가리킨다면 당신의 생각이 전적으로 잘못되었다고는 할 수 없다.　그러나 기억해 두자.　무한은 당신의 행위에 대해 전적으로 무관심하다.　당신이 이타주의자든 천 명을 살해하든 무한은 상관하지 않는다.　그것은 무한이 그 자체의 의식을 가지고 있지 않으며, 모든 곳에 존재하는 동시에 또 어느 곳에도 존재하지 않는다는 단순 명쾌한 이유 때문이다.

　다시 영혼으로 돌아가자.　영혼이 당신에게 '인간에게 독자적인 개성 혹은 인격을 갖게 하는 것'을 뜻한다면 그것은 유전자코드를 의미하는 것이 된다.　(영혼을 가리키는 불어 'ame'의 어원은 라틴어

'anima'에서 유래했으며 '생명을 불어넣는 또는 활성을 주는 것'을 뜻한다)

최근 행해진 과학실험에서 세포 하나로부터 그 생물전체를 재생시키는, '복제'라고 부르는 유전공학적 과정이 가능하다는 사실이 알려졌다. 그것은 바로 우주로부터 와서 그들 자신의 모습과 닮은 우리들을 창조한 엘로힘이 말한 바와 똑같다. 그러므로 가까운 시일 내에 생전에 보존해 둔 세포의 유전자코드를 사용하여 사후에 그 사람을 재생하는 것이 가능해질 것이다.

그러나 영혼이 실제로 우리들의 인격을 형성하고 있으며 사후에 육체로부터 가볍게 날아가는 에테르와 같은 것이라고 생각한다면 당신은 그 원시적이고 사람을 미혹하는 개념을 버리지 않으면 안 된다. 왜냐하면 모든 그릇된 개념들이 그렇듯이, 그것은 육체는 여기 있고 별도로 다른 곳에서 다른 일을 하는 정신이 있다고 가정함으로써 육체와 정신 사이에 이원성을 만들어 내기 때문이다. 분명 우리들을 창조한 사람들이야말로 에테르체 영혼과 같은 것을 우리들에게 설계했는지 어떤지를 가장 잘 알고 있음에 틀림없다. 그러나 그들은 물론 그런 것은 존재하지 않는다고 말했고 실험실에서 똑같은 사람을 50명이나 복제할 수 있다는 사실로써 이 점을 증명했다. 만일 사후에 유전자코드를 사용하여 죽은 자를 재생하는 인위적 개입이 없다면 사람을 구성하는 물질은 분산되어 그 사람은 더 이상 존재하지 않게 된다. "너는 티끌로부터 왔으며 티끌로 돌아가리라."

이처럼 영혼이 존재하지 않기 때문에 그것이 기계에 대한 인간의 우월성이 될 수는 없다. 그러나 유전자코드는 로봇의 금속성컴퓨터보다 우월하다. 생물의 세포 하나하나에는 – 손의 세포이든 발의 세포이든 간에 – 그 생물 전체를 완전히 재생하는데 필요한 정보가 들어 있다. 그러나 로봇의 경우 '집게손'의 조각에는 그 로봇 전체를 재생시키는데 필요한 정보가 들어 있지 않다. 생물로봇이 아닌 한 그렇다. 그렇다면 생물로봇이란 무엇인가? 그것은 금속으로 만들어지는 것이 아니라 우리들과 같이 살아 있는 물질로 만들어진 로봇을 말한다.

요약해서, 우리들은 우리들 자신이 단순히 보통의 성능을 가진 기계에 지나지 않음을 보아 왔다. 그러나 우리들은 성능이 뛰어난 기계들을 우리들 주변에 펼쳐 놓고 그것을 활용함으로써 개화와 창조를 위한 시간을 우리들 자신에게 부여할 수 있는 것이다. 이것이 우리들의 특권이다. 그러나 이 특권은 우리들이 그렇게 하려고 할 때에만 이루어지는 것이지 저절로 그렇게 되는 것은 아니다.

일단 우리들이 우리들을 둘러싸고 있는 모든 종류의 신비를 제거하고 인간의 특성이 신성하다거나 이해할 수 없다는 초월적 개념들을 제거할 수 있게 되면 우리들은 우리 자신에 대해 보다 명료하고 올바른 생각을 할 수 있게 된다. 그리하여 우리들의 매우 한정된 능력에도 불구하고 우리들은 우리 자신이 무한의 한 부분임을 이해할 수 있게 되는 것이다.

그러나 우리들의 능력이 극히 한정되어 있다고 해도 우리들은 이러한 능력으로 우리들을 둘러싸고 있는 무한을 느낄 수 있고 그것과 관련된 우리들 자신의 위치를 파악할 수 있다. 또 우리들이 방법을 알기만 하면 이러한 능력들을 사용해 무한과 조화할 수 있는 경지에까지 이를 수 있는 것이다.

우리들 자신에 관한 일체의 잘못된 관념의 파기를 목적으로 한 이 장을 마치기 전에 한 가지 남은 일은 우리들의 원시적 조상들이 그토록 신성시해 온 일체의 행위를 비신비화시키는 일이다. 그들의 무지에 의해서였거나 나아가서는 그들의 종교가 대중의 무지를 이용하기 위한 것으로서 이른바 '생명의 창조'에 관한 것이다. 이 '신비'야말로 '원시적 의식(儀式)'을 주관하는 사제들의 마지막 도피처였다.

실제에 있어서 생명의 창조란 전혀 신비로운 것이 아니다. 아직도 그것을 신비라고 주장하는 종교들이 그들의 '신자'들을 점점 잃어 감에 따라 결과적으로 문맹률이 90 % 이상 되는 다른 나라에서 대대적인 선전운동을 펼치지 않을 수 없는 것은 결코 우연한 일이 아니다. 이렇게 하여 그들은 서방 선진국에서 잃은 손실을 과학교육이 전혀 되어 있지 않은 저개발국가들로부터 만회하려는 것이다. 이런 목적으로 교황은 남아메리카나 중동지역 등을 방문하는 것이다.

어머니의 자궁 속에서 발생하는 생명의 창조란 실제로 무엇인가? 그것은 단순히 새로운 유전자코드의 창조, 즉 앞에서 언급한 것처럼 새로운 '유전자문장'의 창조라고 할 수 있다. 우리들은 각 개체의 생물이 원자와 분자라는 문자들로 이루어진 고유의 '이름'을 가지고 있음을 살펴보았다. 실험실에서 하나의 생물이 만들어질 때 원자와 분자를 특정한 방법으로 배열함으로써 새로운 '이름'이 만들어진다. 이 생물이 인간인 경우 그의 '유전학적 이름'은 46개의 '음절'로 구성되고 이것을 우리들은 '염색체'라고 부른다. 이 경우 생물체가 유성생식을 할 수 있다면 이 생물의 고유 문장인 '유전학적 이름'의 반이 난자에게 주어지고, 이 난자가 반대편 성으로부터 유전자코드의 나머지 반을 받게 되면 수정이 이루어지고 그들의 아이가 태어나게 된다.

난자와 정자는 모체로부터 각기 23개의 염색체를 물려받는데 이들이 결합을 할 때 다시 46개의 염색체를 가진 하나의 완전한 세포가 생성된다. 새로운 생명체가 되는 이 최초의 세포는 두 개의 세포로, 다음에는 4개, 8개, 16개.....로 세포분열을 해서 어느 날엔 어린이로 태어나 그 성에 따라 완전한 남성 또는 여성으로 성장해 가는 것이다.

여기에는 어디에도 마법이나 신비가 존재하지 않는다. 생명의 창조란 조직화된 물질의 두개의 정보가 수정 시 결합될 때 그것이 활성을 가지도록 물질을 지적으로 조직화한 것에 지나지 않는다.

현재 진행되고 있는 과학적 연구는 생명의 신비를 벗기는데 많은 공헌을 하고 있다. 영국의 한 실험실에서 정자와 난자를 인공적으로 수정시키고 이 수정란을 대리모의 자궁에 착상시켜 태어난 한 여아의 경우는 그 좋은 예이다. 이 실험의 성공이 카톨릭 당국으로부터 심한 비난을 받은 것은 놀랄 일이 못된다. 왜냐하면 이 실험은 교회가 자신의 왕국을 세우는데 기반을 두어 온 생명의 창조에 대한 '신비'를 벗기는데 기여하기 때문이다. 이러한 것들을 철저히 비신비화시킬 수 있는 많은 실험들이 현재 행해지고 있다. 그 한 예로 무성생식 [복제(clone)]을 말할 수 있는데 이것은 살아 있는 생물의 세포 하나에 포함된 유전자코드로부터 또 하나의 생물을 만들어 내는 것이다.

이미 어떤 미국의 거부는 그의 유전자코드에 여성적 요소를 가미하지 않고 그 자신의 세포하나로부터 순수하게 재생시킨 아이를 갖고 있다.

보다 이해를 쉽게 하기 위해 정원을 손질하는 사람들에 비유해서 이야기해 보자. 무성생식 기술이란 씨를 뿌리는 것이 자연적인 방법인데 비해, 접목으로 새로운 나무를 만드는 것에 비유할 수 있다. 이미 존재하는 다양한 유전자코드를 이식함으로써 새로운 종을 만드는 것은 접목으로 새로운 혼합종의 과일을 만드는 것과 같다.

그러나 기본적인 화학물질만을 사용해 새로운 생물의 종을 만들어내는 것은 이 식물의 접목과는 거의 비교할 수 없을 것이다.

이 장을 마치기 전에 분명히 해 두지 않으면 당신의 각성과정을 방해할 수 있는 또 하나의 관념의 신비를 벗겨 버리는 것도 역시 중요하다. 그것은 '사랑'이란 개념으로서, 기계에 대한 우리들의 우월성을 최종적으로 입증해 줄 인간의 고유한 특권으로 생각될는지 모르겠다. 그러나 그것은 완전히 잘못된 생각이다. 우리들은 간단히 컴퓨터에 사랑이란 것을 프로그램 할 수 있다.

그러나 우선 여러 가지 개념을 함축하는 이 '사랑'이라는 말을 분석해 보자. 먼저 이 '사랑'이 남녀 두 사람이 성적 결합을 최종목적으로 서로 친해지는 것을 의미한다면 새들의 구애행위를 관찰함으로써 대다수의 인간들보다 동물들 쪽이 훨씬 예술적으로 사랑을 행하고 있음을 알 수 있다.

만일 사랑이 성행위 자체를 가리킨다면 비교는 더욱 간단해진다. 동물을 창조할 때 성교 시에 쾌감을 느끼도록 신성발난을 암수 잉꼭의 성기관에 부여한 것을 기억하자.

동물들은 생식에 대해서는 아무 것도 모르고 오직 쾌감을 느끼기 위해 행위하며 그렇게 함으로써 생식도 확보되는 것이다.

이미 우리들은 컴퓨터로 하여금 다른 컴퓨터를 만들도록, 즉 스스로 생식할 수 있도록 구상하는 것이 비교적 간단하다는 것을 살펴보았다. 마찬가지로 이 컴퓨터들에 '성'을 부여하는 것 또한 용이하다. 각 컴퓨터는 새로운 컴퓨터의 구성을 위한 반쪽 설계도를 지니게 되며 두 컴퓨터의 설계도가 결합될 때 '아기'가 만들어진다. 이 반쪽의 설계도를 주는 컴퓨터를 '남성', 이것을 받는 쪽을 '여성'이라고 부를 수 있으며, 이때 여성은 남성의 반쪽 설계도에 자신의 것을 결합시켜 '어린이'라고 부르는 새로운 컴퓨터를 만들 수 있는 것이다.

그럼 여기서 '쾌감'이라는 개념의 신비를 벗겨 보는 것도 도움이 될 것이다. 자기들을 닮은 새로운 컴퓨터를 생산하기 위해 각각의 반쪽 설계도를 결합시키는 '성교'를 하도록 양쪽 컴퓨터에 프로그램하기는 쉬운 일이며, 반쪽 설계도를 물려줄 때 그들에게 쾌감을 주는 기관을 부착해 줄 필요가 있다. 그렇게 하면 그들은 확실히 가능한 한 자주 접촉을 하게 될 것이다.

쾌감이란 무엇인가? 최근 과학자들에 의해 뇌 속에는 쾌감중추가 있음이 발견되었다. 전극으로 이러한 부분들을 자극할 때 실험대상인 '모르모트'가 오르가즘과 유사한 반응을 보였다고 보고되었다. 또 사람이 어떤 종류의 쾌감(성적 쾌감이나 군인이 훈장을 받을 때, 과학자나 운동선수가 포상을 받을 때, 또 애무를 느낄 때)을 느낄 때는 항상 이러한 쾌감중추들이 자극받는다는 사실도 증명되었다.

이제 우리들은 이 쾌감중추에 대해서 또 우리가 쾌감을 느끼는 과정에 대해서 잘 알게 되었다. 실제로 그것은 뇌 속에서 일어나는 물리화학적 반응에 지나지 않으며 그러한 작용이 쾌감으로 느껴지는 방전을 일으키는 것이다.

마찬가지 원리로 다른 물리화학적 반응은 불쾌감을 일으킬 수 있다. 두뇌는 이러한 방법으로 어떤 외부의 사건이나 자극에 반응하도록 프로그램되어 있는 것이다. 이것이 우리들의 행동을 제어한다. 우리들은 쾌감을 주는 것들을 추구하고 고통을 주는 것들을 피하게 된다.

이 현상을 명확히 이해하기 위해 배터리가 다 닳으면 콘센트로 가서 스스로 충전하는 로봇의 경우로 다시 돌아가 보자. 배터리에 남아 있는 전기의 양을 가리키는 계기의 바늘을 생각해 보자. 이 계기 옆에 로봇이 콘센트에 플러그를 꽂을 때 재충전되어 들어오는 전기의 양을 가리키는 또 하나의 계기가 있다.

배터리가 거의 다 닳으면 첫 번째 계기의 바늘이 거의 0에 접근하고 배터리를 재충전하러 갈 때가 되었음을 알려주는 신호를 로봇의 두뇌인 컴퓨터에 전달하는 전기접촉을 일으킨다. 이 신호는 불쾌한 느낌으로 마치 하루 종일 굶었을 때의 공복감이 불쾌하게 느껴지는 것과 같다.

이렇게 하여 로봇은 콘센트로 가서 플러그를 꽂는다. 그러면 두 번째 계기의 바늘이 전류의 유입량에 따라 움직이면서 최대치를 가리킨다. 그러면 이것은 또 다른 신호를 중앙컴퓨터에 보내는데 이 신호는 기분 좋게 느껴진다. 마치 이것은 첫술의 밥이 맛있게 느껴지듯, 또는 사랑할 때 처음 애무가 기분 좋게 느껴지는 것과 같다.

전류의 양을 가리키는 첫 번째 바늘이 최대치를 가리키면 또 다른 전기접촉이 일어나고, 배터리의 충전완료를 표시하는 전기충격을 중앙컴퓨터에 보낸다. 이 전기충격은 쾌감의 극치처럼 느껴질 것이다. 그것은 마치 맛있는 음식을 배불리 먹었을 때의 포만감이나 더욱 정확히는 성적 오르가즘의 순간에 비교할 수 있을 것이다.

그런 다음 로봇은 플러그를 뽑고 다시 작업으로 돌아간다. 마치 우리들이 맛있는 식사나 성행위를 마친 후 그렇게 하는 것과 같다. 이것은 어떤 행위로 쾌감을 얻기 위해서는 그 전에 한동안 금욕기간을 필요로 하며 그 기간동안 다른 일을 하는 것으로 볼 수 있다. 후에 자세히 살펴보겠지만 이러한 콘트라스트(대조)는 쾌감을 증가시킨다. 공복시간이 길어질수록 식사가 더 맛있게 느껴지고, 금욕기간이 길수록 성욕이 왕성해지는 것과 같다.

이렇게 해서 우리들은 쾌감의 메커니즘을 알게 되었다. 결과적으로 우리가 성교하거나 그것을 준비할 때 사랑이 무엇인가를 이해하는 것이 아주 간단해졌다. 결국 뇌 속에서 쾌감으로 느껴지는 전기충격을 일으키는 물리화학적 반응이 사랑인 것이다. 그러므로 사랑할 수 있는 것이 기계에 대한 인간의 우월성을 나타내는 것은 결코 아니다. 똑같은 쾌감을 느낄 수 있도록 컴퓨터를 만드는 것이 가능한 일이기 때문이다.

우리들이 행하는 모든 일은 어떤 것이든 직접, 또는 간접으로 그

것이 우리들에게 쾌감을 주기 때문에 행한다.

우리들이 먹는 것은 그것이 쾌감을 주기 때문에 먹는 것이다. 우리가 잠자고, 마시고, 사랑하고, 씻고, 몸단장하는 것도 모두 그것이 쾌감을 주기 때문이다. 우리가 세금을 내는 것도 그것이 간접적으로 쾌감을 주기 때문이다. 말하자면 세금을 안내고 감옥에 가는 것보다 낫기 때문이다.

자신의 아이를 구하기 위해 트럭을 향해 몸을 던지는 여자도 그것이 그녀에게 쾌감을 부여하기 때문이며, 그렇지 않다면 그녀는 그렇게 하지 않을 것이다. 아이를 구함으로써 얻는 쾌감이 트럭바퀴 밑에서 으스러지는 고통이나 불쾌감보다 크기 때문이다.

일본의 가미가제 특공대는 비행기를 몰고 적함에 부딪쳤는데 그들에게는 죽는다는 불쾌감보다 조국을 위해 죽는다는 생각에 더 큰 쾌감을 느꼈기 때문이다. 그렇지 않다면 그들은 그렇게 하지 않았을 것이다.

박애주의도, 이기주의도 쾌감의 또 다른 형태에 지나지 않는다. 그러나 다른 사람들에게 기쁨을 줄 때 우리가 얻는 쾌감의 질이 기쁨을 얻는 사람들의 숫자에 비례한다는 것을 고려하면 박애주의는 고차적인 쾌감의 한 형태라고 할 수 있다.

더 나아가서 쾌감의 질은 그로 인해 기쁨을 얻는 사람들의 질적 수준이라고 생각할 수 있는 것에도 비례한다. 어리석은 군중을 만족시키기 위해 그들이 원하는 것을 돌려줌으로써 그들을 기쁘게 하는 것은 한 사람의 현자, 또는 그렇게 되려고 노력하는 사람을 기쁘게 해

주는 것보다 훨씬 못하다. 빵과 유흥을 구하는 군중과 의식수준을 고양하기 위해 산 속에 은거하는 사람 중에 선택을 해야 한다면 우리들은 우리들 자신을 향상시키기 위해서라도 마땅히 후자에게 기쁨을 주는 길을 택해야 한다.

인류를 위해 그의 생애를 헌신하는 사람조차도 그것이 쾌감을 부여하기 때문에 그렇게 한다. 내가 이 글을 쓰는 이유도 내가 받은 가르침을 당신에게 전달하는데 기쁨을 느끼기 때문이다.

이제 우리들은 '사랑'이라는 말 배후에 '고상한'정서를 나타내는 박애주의나 헌신과 같은 감정이 섹스와 아무런 관계가 없다 하더라도 여전히 그것을 행하는 사람들이 느끼는 쾌감에 근거하고 있음을 알 수 있다.

그러므로 자신의 목숨보다 아이나 동료, 그룹 또는 종의 전체 이익을 위해 행동하도록 로봇에게 프로그램 하는 것은 매우 쉬운 일일 것이다. 그것은 바늘과 계기판의 문제에 지나지 않는 것이다.

따라서 타인에 대한 사랑도 기계에 대한 인간의 우월성을 증명하는 것이 되지 못한다. 결론적으로 '사랑'이라는 말의 '이면에 숨어 있는'어떤 개념도 인간에게만 부여될 수 있는 특권이 될 수 없다. 사랑이란 기계적으로 재생가능한 것이기 때문이다.

끝으로 우리들을 구성하고 있고 우리들이 그 일부가 되는 무한과 우리 자신을 조화시키는 인간의 능력은 어떤가? 그러나 이 능력까지도 인간의 기계에 대한 우월성이라 할 수 없다. 우리들이 이미 언급한 감지기들을 갖추어 무한히 큰 것과 무한히 작은 것을 느끼고 무한을 의식하도록 프로그램 된 컴퓨터를 그려보는 것은 무척 쉬운 일일 것이다. 그럼으로써 컴퓨터는 그가 '어디에 위치해 있는가를 느낄'수 있고 자신을 활성화시키는 에너지와 조화할 수 있게 된다. 이 컴퓨터는 (마치 우리들이 감각명상을 실습하는 것과 같이) 자신의 감각을 사용하여 명상할 수도 있을 것이다. 이것 역시 기계에 대한 인간의 우월성이 아니다. 부언하자면 '명상하다'는 '훈련하다'를 의미하는 라틴어 'meditare'로부터 유래하였다. 감각을 훈련하는 일, 이것이야말로 감각명상의 목적이다.

성의 분화

남성과 여성로봇의 예를 들어 아기 로봇이 태어나게 하려면 남성이 그의 반쪽 설계도를 여성에게 주어 하나의 완전한 설계도를 만들지 않으면 안 된다. 기계에 대해 인간이 전혀 우월성을 지니고 있지 않다는 점을 인정하기 싫어하는 사람들은 어떻게 아이가 남아 또는 여아로 분화되는 가에 대해 문제를 제기할 것이다.

우리들은 이미 인간에 있어서 '여성'과 '남성'은 남성으로부터 부여받은 반쪽 설계도인 정자에 의해 결정된다는 사실을 알고 있다. 그리고 현재는 인공수정에 의해 태어나는 유아의 성을 선택할 수도 있다. 왜나하면 남성정자를 여성정자와 구분하고 분리하는 것이 매우 용이하기 때문이다.

그러므로 남성이 정자를 여성에게 주입할 때 여성의 반쪽 설계도인 난자와 만나는 것이 남성정자일 때는 태어나는 아기가 남아가 되고, 여성정자일 때는 9개월 후에 여아가 태어난다.

생식가능한 우리들의 로봇에 대해서도 똑같은 원리가 적용된다. 아기 로봇을 만드는 로봇을 여성로봇이라고 부른다면 그녀는 아기를 위한 완전한 설계도(청사진)를 가져야 한다. 그녀는 반쪽의 설계도밖에 가지고 있지 않으므로 남성로봇으로부터 다른 반쪽을 부여받아 그것을 결합시켜야 한다. 이 남성의 반쪽 설계도가 제조될 아기로봇의 성을 결정하게 된다. 남성로봇이 그의 반쪽 설계도를 주기 위해 여성로봇과 '성교'할 때 실제로는 상당히 많은 수의 반쪽 설계도를 부여하는데 그 반수 가량이 각각 남성설계도와 여성설계도로 구성되어 있다. 그 중 시간과 장소에 때맞추어 들어간 단 하나만이 여성의 반쪽 설계도와 결합하는데 성공한다. 이것은 인간의 경우 무수한 정자 중 단 한 개의 정자만이 난자와 결합하는 것과 똑같은 이치이다.

4

자발적 비프로그램화

우리들의 모든 행동과 반응은 전 교육과정에 걸쳐 우리들이 받아들인 프로그래밍의 결과이다. 우리들은 태어난 이래 줄곧 우리들이 의식하지 못하는 가운데 환경이나 부모, 친구들, 교육자들, 신문, 영화 등에 의해 성격이 형성되어 왔다. 이 모든 요소들이 오늘날 우리들 자신이 되기까지 우리들을 조건지어 온 것이다.

우리들이 잠자는 모습, 세수하고, 먹고, 옷입고, 말하고, 걷는 모습, 심지어는 타인을 판단하는 방법에 이르기까지 우리들의 행위의 일체 모든 부분은 우리들이 받아들인 이 무의식적인 조건화에 의한 것이다.

여기서 이 과정을 보다 분명히 이해하기 위해 다시 한번 우리들 자신을 컴퓨터에 비교해 보기로 하자. 컴퓨터는 단지 프로그램된 것만을 행하며 입력된 정보만을 기억한다. 우리들도 마찬가지이다. 다른 점이 있다면 우리들은 이러한 프로그램을 의식하고 그 요소들을 분석하여 불합리한 것을 제거하고 다른 것으로 대체할 수 있다는 점이다. 그런 이유로 우리들은 스스로 프로그램 할 수 있는 자기 프로그래밍이 가능한 컴퓨터인 것이다.

문제는 우리들 자신의 기호와는 상관없이, 스스로 의문조차 던져 보지 못한 채 주입받은 것을 그대로 우리들에게 가르치거나 강요해 온 사람들에 의해 우리들이 줄곧 프로그램 되어 왔다는 사실이다. 인간은 모든 원시사회의 미신이나 공포, 신비주의가 시간이 흐름에 따라 누적되어 온 이러한 조건화의 양식을 수천 년에 걸쳐 세대에서 세대로 전달해 온 것이다.

그러므로 각성의 제1단계는 우리들의 행위의 일체를 의문의 눈으로 보고 재평가하는 것이다. 먹는 모습에서 걷는 방법에 이르기까지 어떤 상황에 있든 습관이 되어 버린 우리들의 반응 – 아무리 하찮고 단순한 행위라도 – 을 포함한 모든 것에 의문을 던져 보는 것이다.

예를 들어 옷입는 방법은 어디서나 똑같지 않다. 우리가 북아프리카에 태어났다면 디에라바(모로코 인이 입는 긴 자루 옷)를 입을 것이며, 열대지방의 숲속에서 태어났다면 한 조각의 옷을 걸칠 것이다. 후자는 우리들(유럽)의 기후조건에는 맞지 않겠지만 디에라바라면 괜찮을 것이다. 그런데도 우리 아버지들은 셔츠와 바지를 입고 있으며, 또 우리들도 꼭 그래야만 하는 객관적 이유가 없는데도 그들과 같은 옷을 입고 있다.

식사방법에 관해서도 마찬가지이다. 만일 우리들이 중국에 태어났다면 젓가락을 사용할 것이고 아프리카의 어느 지방에서라면 손가락을 사용할 것이다. 포크를 사용하는 것은 우리들이 선택한 것이 아니며, 또 그것이 필연적으로 가장 좋은 방법이 아닌데도 불구하고 교육자들에 의해서 우리들에게 주입된 것이다. 예를 들어 중국요리는 처음부터 잘게 썰어 내놓기 때문에 나이프가 전혀 필요 없다. 그럼에도 불구하고 우리들 서구인은 각자의 접시 위에서 수고스럽게 썰어야 하는 요리의 습관을 고수하고 있는 것이다.

이런 방법으로 하루 종일 행하는 모든 행위를 생각해 보고 객관적으로 분석하면서 왜 그렇게 하는가를 자신에게 분명히 물어 보자. 당신은 당신의 부모와 다른 방식으로 의식적으로 선택하여 행한 행위가 거의 – 어떤 사람에게는 전혀 없을 것이다 – 없다는 사실을 발견하고 아마 놀랄 것이다.

교육을 통해 우리들이 배운 것 전부가 나쁜 것은 아니라는 점을 인정한다. 어떤 것은 그대로 간직할 수 있다. 중요한 것은 우리들이 행하는 행위의 이면에 무엇이 있는가를 아는 일이다.

타인의 행위나 성격에 대한 우리들 자신의 반응을 분석하려 할 때 이 과정은 훨씬 미묘해진다. 젓가락을 사용해서 먹거나 이국적인 것으로 디에라바를 입는 것은 재미있을지 모른다. 그러나 아랍인을 증오하거나 동성애자들을 경멸하도록 조건지어졌다면 그들을 있는 그대로 받아들이기 위해 그들을 이해하는 것이 극히 힘들게 된다.

우리들은 태어난 이래 주위 사람들이 수없이 아랍인들을 나쁘게 말하는 것을 들어왔다. 사람들은 단지 우리들의 선조가 한때 폭력으로 그들을 지배했기 때문에 그들을 열등한 인종이라고 생각하는 것이다. 우리들도 이런 말을 너무나 흔히 들어 왔기 때문에 어느덧 그것을 반복하게끔 되어 버렸다. 또 우리들은 사람들이 동성애자들을 비정상석이고 성노착사로 나쁘게 말하는 것을 얼마나 많이 들어왔던가. 그렇게 말하는 사람들은 사실 그들 자신 속에 깊숙이 파묻혀 있는 자신의 동성애적 경향이 언젠가 드러날지도 모른다는데 대해 두려움을 갖고 있는 사람들인 것이다. 이것 역시 수없이 들어왔기 때문에 우리들도 똑같이 어리석은 말을 반복하고 있는 것이다.

각성한 사람은 개성이 다른 타인과의 만남을 통해 자기자신을 풍부하게 만든다. 마음이 폐쇄된 사람은 타인과의 차이점과 다툼으로써 자신의 뇌를 경직시킨다. 이러한 사람은 무의식중에 주입받은 대로 진부한 말로 타인을 마구 비난하게 되는데 그에게는 이러한 차이점을 해소할 수 있는 능력이 없는 것이다.

그러므로 우리들을 형성해 온 사람들로부터 주입받은 모든 관념을 꺼내어 체에 걸러 볼 필요가 있다. "이것은 각각 이러이러한 이유에서 좋게 생각되니 보존하자. 또 이것은 나쁘게 생각되니 버리자." 보존할 관념을 선별할 기준은 우리들의 교육자의 의견에 의한 것이 아니라 우리들 자신이 충분히 알아본 다음에 세운 관점에 의하지 않으면 안 된다.

만일 누군가 "이 생각은 내 부모가 그렇게 생각하기 때문에 옳은 것임에 틀림없다."라고 말한다면 이 작업은 쓸모없게 된다. 실제로 우리들 생각이 우리들의 부모의 생각과 같다면 이 생각들은 철저히 의심해 보아야 한다.

아랍인이나 동성애자들에 대해 말할 때도 우리들은 먼저 어떤 선입견을 갖지 않은 채 그들과 만나 마음을 열고 이야기함으로써 그들의 사고방식을 이해하려고 해야 한다. 그런 다음에라야만 우리들은 우리들 자신의 태도를 결정할 수 있다. 우리들이 만나는 단 한 사람의 대상이 지니는 개인적 특성을 일반화시키지 않으면서 대화의 전반적인 내용에 입각해 판단하도록 주의해야 한다.

그러나 무엇보다도 우리들의 의식수준을 높이고자 할 때 이 자신에 대한 질문이 가장 본질적으로 필요한 곳은 성과 사랑의 개념이 관련된 영역이다.

사랑인가 이기주의인가

우리들은 끈질기게 사랑의 개념이란 확고하고도 절대적인 소유를 뜻하는 것이라는 인상을 받아 왔다. 이것은 수천 년의 공포와 고뇌를 거쳐 우리들의 선조로부터 전해져 내려온 것이다. 당시에는 금과 말과 그리고 여자를 강탈하기 위해 마을을 습격하는 것이 예사였다. 금과 말과 여자는 교환될 수 있는 재산으로 간주되었으며, 또 일말의 주저없이 거래되었던 것이다.

'남자'가 영혼을 가졌다면 '여자'도 역시 영혼을 가져야 한다고 인정하지 않을 수 없게 된 후 (카톨릭교회는 상당한 기간동안 그 사실을 의문시했다), 그리고 여성에게 투표권을 인정하게 된 후 (한 세기가 지났는데도 아직 인정하지 않는 곳이 있다) 우리들은 아직도 여성이 원할 때는 그들의 육체를 자유로이 사용할 수 있는 권리를 인정하지 않고 있으며, 또 그들이 바라지 않을 때에 아이를 낳지 않을 수 있는 권리를 거부하고 있다. (교회와 일부 정부는 낙태와 피임을 죄로 규정하고 있다.)

무엇보다도, 돈을 훔치기 위해 사랑하지 않는 사람을 죽인다면 그는 종신형이나 사형에 처해진다. 그러나 '사랑'하기 때문에 누군가를 죽였을 때 소위 '치정범'이라고 불리는데, 이 경우 때로는 5,6 년의 징역을 살고 끝나는 수가 있다!

이것은 우리들이 사랑하는 사람은 죽여도 되고 사랑하지 않는 사람은 살리도록 그 구성원에게 권하는 사회 속에 살고 있다는 것을 의미한다. 사랑하기 때문에 연인을 죽일 수 있다는 생각은 우리들이 사랑에 대해 매우 기묘한 관념을 지니고 있다는 단순한 사실을 보여준다. 이렇게 생각하는 사람들은 실은 사랑과 이기주의를 혼동하고 있는 것이다. 그러나 이 두 가지는 전혀 상반된 것으로 결코 양립할 수 없는 것이다. 실제로 진짜 누군가를 사랑하는 사람은 주는 것만을 생각한다. 반대로 자신만을 사랑하는 이기주의자는 받는 것밖에는 생각하지 않는다.

이기주의자는 그의 파트너가 다른 사람에게서 더 큰 즐거움을 얻은 후 자기를 버리지 않을까 두려워한다. 그렇게 되면 받는 것이 습관이 된 자신의 쾌락을 결국 빼앗기게 되는 셈이다. 그에게 있어 가장 중요한 것은 그 자신의 이기적인 쾌락인 것이다.

진정으로 사랑하는 사람은 그의 파트너가 더 많은 기쁨을 줄 수 있는 사람을 만나게 되기를 바란다. 왜냐하면 그는 사랑하는 사람의 행복을 가장 중요하게 여기기 때문이다.

이기주의자는 그의 파트너가 더 큰 기쁨을 줄 수 있는 사람을 만나지 못하도록 끊임없이 파트너를 감시한다. 그러나 진정으로 사랑하는 사람은 파트너가 취미를 같이하는 사람들과 만날 수 있도록 주선해 준다.

이기주의자의 파트너는 쾌락을 주는 누군가를 만났을 때 이 행복을 몰래 훔치고 있다고 느끼게 되고 금단의 열매를 먹을 때와 같이 더욱 희열을 느끼게 되어 결국 공범자로서 두 사람은 더욱 강하게 결속된다.

참된 사랑을 받고 있는 파트너는 기쁨을 주는 다른 사람을 만났을 때 이 멋진 순간을 보낼 수 있게끔 배려해 준 자신의 파트너에게 감사할 것이다. 그리하여 그들은 함께 이 새로운 경험에 의해 더욱 풍부해지게 된다.

진정으로 사랑하는 사람은 자신의 파트너가 서로 보다 더 완성을 기할 수 있는 멋진 상대를 만났을 때 자기 연인이 비록 다른 사람을 통해서라도 더욱 행복해질 수 있음을 생각하고 자신도 행복을 느낄 것이다.

이기주의자는 '그의 재산'을 소유하기를 원하며 그의 파트너가 다른 사람과 행복하게 되는 것보다 자신과 불행하게 남아 있는 것을 바란다. 그리고 만약 그런 일이 일어난다면 그는 자기가 '사랑하는 사람'을 죽이기 위해 총을 빼들 것이다. 왜냐하면 그에게는 자기가 사랑한다고 믿고 있는 사람이 다른 사람과 행복하게 되는 것보다는 차라리 죽어 주는 것이 좋기 때문이다. 그는 파트너의 행복을 생각하는 것이 아니라 자신에게 속한 연인의 육체로부터 나른 자가 쾌락을 취한다는 사실만을 생각한다. 이것은 마치 배가 고프지 않은데도 자기 뼈다귀에 다른 개가 접근하는 것을 허용하지 않는 개와 같다. 이 개는 이빨을 드러내고 그의 뼈다귀를 숨겨 놓는다. 이기주의자는 이 개와 똑같다. 개가 그의 뼈다귀를 소유하듯 이기주의자에게는 파트너가 그의 소유물이기 때문이다. 그에게 문제가 되는 것은 파트너가 주는 쾌락이기 때문에 누군가 다른 사람이 자기 파트너로부터 쾌락을 얻는 것을 볼 바에는 차라리 파트너를 없애 버리는 것이 좋은 것이다.

이 질투라는 이기주의의 한 형태가 일어나는 과정을 보다 잘 이해하기 위해 자기프로그래밍이 가능한 생물로봇으로 돌아가 보자.

우리는 '성'을 가진 로봇을 만드는 것이 쉬운 일이며 각자가 반쪽 설계도를 지니고 '성교'시에 완전한 설계도를 만들어 '여성'으로 하여금 '아이'를 만들게 할 수 있음을 살펴보았다. 또 생식을 유도하기 위해서는 성교의 행위가 매우 즐거운 것이 되지 않으면 안 되고, 그렇게 하기 위해 각각의 반쪽 설계도가 교환되는 생식기에 신경말단을 부착함으로써 양자의 접촉이 쾌감을 일으키게 해야 한다는 것도 알고 있다.

한 '남성'로봇이 한 '여성'로봇을 처음 만날 때 그들은 서로를 알게 된다. 말하자면 서로 상대방 프로그램의 일부를 알게 되고 서로 마음에 들면, 즉 그들의 프로그래밍이 어떤 일정한 '정신적'조화로 이끌어지면, 그들 속에 일어나는 성적욕구를 만족시키기 위해 성교하는 것이 가능해진다. 그러면 그들은 성교 시에 갖는 쾌감을 가능한 한 자주 즐기기 위해 함께 살 것인가를 결정하게 될지도 모른다. 그런데 어느 날 이 로봇 중의 한 쪽이 다른 로봇을 만났는데 그 로봇의 프로그래밍이 '매력적'으로 보였다거나 그의 몸체에 대단히 이끌렸다고 하자. 그때 이 로봇의 이전 파트너는 두 가지 행위중 하나를 선택할 것이다. 그는 자기파트너의 프로그래밍이 다른 로봇과 함께 함으로써 풍부해지기를 바라며 그것을 격려해 주거나, 아니면 파트너에게 일체 다른 이성 로봇과의 접촉을 금하게 할 것이다.

만약 후자와 같이 행동했다면 그것은 그 로봇이 그렇게 프로그램 되었기 때문이며, 그렇지 않다면 그 로봇이 자신과는 완전히 독립된 다른 개체를 자신이 소유할 수 있다고 생각할 수 없을 것이다.

누군가가 이 지구상에 살고 있는 수십억의 사람들 중 단 한사람을 만났을 때 어떻게 성급하게 다음과 같이 말할 수 있겠는가? "이 사람이야말로 내가 앞으로 친밀한 관계를 맺어 갈 유일한 사람이다. 앞으로 내가 더 이상적인 사람을 만난다 해도 나는 이 첫 번째 사람에게 정조를 지키겠다. 이유는 이 사람을 첫 번째로 만나게 된 것이 운명이기 때문이다." 이것이 '정조'라는 것의 정체이다.

아직도 원시문명의 잔재가 남아 있는 수많은 나라에서는 여성이 여전히 살 수 있는 상품으로 여겨지는 놀라운 일들을 볼 수 있다. 서양에서는 아버지가 자기 딸에게 결혼할 의사를 비치는 신랑감에게 지참금을 제공해 왔다. 반면 원시적인 사회에서는 신랑이 될 사람이 신부를 데려오기 위해서는 그녀의 아버지에게 가축이나 다른 선물을 하지 않으면 안 되었다.

이러한 상업적 거래와 인간관계를 혼동하는 것은 수치스러운 일이다. 그것은 노예제도로 발전될 수 있는 소유관념을 잠재적으로 유발시킨다. 이제 막 만난 사람과 함께 여러 번 지냈다는 이유만으로 그 사람을 자기 소유물로 생각하게 된다면 배우자에 대해 값을 지불했을 경우는 더더욱 그럴 것이다.

각성한 사람은 파트너를 잃는 것을 두려워하지 않으며 마음에 끌리는 모든 종류의 경험을 할 수 있도록 용기를 불어넣어 준다. 뿐만 아니라 이러한 체험에 의해 그 자신이 풍부해지고, 특히 파트너가 다양한 개성을 지닌 사람들과 접촉함으로써 감성이 개화되어 더욱 친밀한 관계로 만나기를 원하는 것이다.

각성의 과정에 있어서도 콘트라스트는 중요한 요소가 된다. 그러나 이것은 자신을 각성시킬 수 있는 좋은 기회를 얻기 위해서 반드시 파트너를 바꾸도록 자신을 강요해야 한다는 것을 의미하지는 않는다. 마찬가지로 누구나 동일한 인물 속에 부단히 자신을 변화시켜가는 법을 알고 있는 좋은 파트너를 만날 수도 있을 것이다. 그러한 파트너는 사랑의 관계에 있어 불가피한 습관화로부터 벗어나기 위해 상상력과 환상을 불어넣는 법을 알고 있다. 습관은 사랑의 치명적인 적이다.

이러한 정보의 끊임없는 교환 속에서 파트너 쌍방의 개화가 지속될 수 있다. 상대방의 발견이나 성찰로부터 서로가 이익을 도모하며 그렇게 함으로써 상호감각을 개선시키고 나아가서는 서로의 각성수준을 높일 수 있는 것이다.

다른 사람들과의 관계를 자신에게 강요하지 않고 한 사람만의 파트너와 강렬하게 살 수 있다고 하더라도 두 사람이 형성하는 그 자체 복합조직체는 외부에 대해 완전히 열려 있지 않으면 안 된다. 즉 파트너 각자가 제3자와의 친밀한 관계에 언제든지 들어갈 수 있도록 준비된 상태가 되지 않으면 안 된다. 각자는 상대방의 체험이 풍부해지면 질수록 자신의 체험도 풍부해진다는 사실을 이해하지 않으면 안 되는 것이다.

각성이란 인간이 그의 환경과 교류하는 능력, 즉 감각에 의해 전달된 정보를 분석하고 종합(연결)하는 능력을 끊임없이 개선하는 것이다.

실제로 'intelligence(지성)'라는 말의 어원은 라틴어 'intelligere'로서 '사물을 서로 연결하다'를 의미하며 'ligere'는 '연결하다'를 뜻한다. 그러므로 각성이란 지성의 발달, 즉 포괄적으로 이해할 수 있는 능력의 개선을 말한다. 'comprehend(이해하다, 포괄하다)'는 라틴어 'comprehendere'에서 왔으며 '한데 모으다'를 의미한다.

또 하나의 흥미있는 사실은 'consciousness(의식)'의 어원으로 이것은 '한데 모아 알게 되다'를 의미하는 라틴어 'consciencia'로부터 유래했다. 따라서 우리들의 의식수준을 향상시킨다 함은 우리들 속에 있는 무한과 우리들을 둘러싸고 있는 무한에 대해 우리들의 이해력과 지식을 높이는 것이다. 이러한 지각의 향상을 통해 우리들 속에 내재하는 무한소와 우리가 그 일부분으로 속해 있는 무한대가 우리들 안에서 '서로 알게 되는'것이다.

습관은 어떻게 우리들의 능력을 감퇴시키는가

이에 반해 습관은 사물을 지각하는 메커니즘을 점차 감퇴시켜 간다. 새집으로 이사를 끝내고 처음으로 거리를 걸을 때 우리들은 모든 것들을 눈여겨보게 된다. 창문 모양들, 색깔들, 들려오는 음악, 거리에서 만나는 사람들, 이 모두가 흥미롭게 보인다. 그러나 며칠이 지나면 우리들은 거리의 분위기에는 무감각해지기 시작하며 직장으로 길을 재촉하고 있는 우리들의 마음은 여러 가지 개인적인 잡다한 생각으로 가득 차게 된다. 그리고 조금 더 시간이 지나면 주변 환경에 대해서는 거의 아무 것도 느끼지 못한 채 몽유병자처럼 통근하게 된다. 신문을 읽으면서도 집에 정확하게 갈 수 있을 정도가 된다. 이것이 바로 습관이다. 우리들이 파트너와도 이와같이 습관적으로 행동하게 되면 우리들의 환경과의 교류능력은 점차 감퇴되고 지성도 쇠퇴하게 된다.

처음 만났을 때 그 모습에 사로잡혔고 그 목소리에 매혹되었으며 그 향기에 취했던 사람도 이제 와서는 옆에 있는지조차 느끼지 못하고 살고 있는 것이다. 매번 같은 음식을 같은 식으로 먹고, 같은 옷을 입고, 같은 시간에 같은 체위로 사랑을 나누면서 우리들은 기계적으로 행동하며 살고 있다.

따라서 우리들의 행위로부터 얻어지는 기쁨의 질은 점점 감퇴되고 있다. 그러나 우리들이 살고 있는 결코 되돌이킬 수 없는 인생의 매 순간에 있어서 경이로운 삶의 기쁨을 재발견하는 것은 그리 어려운 일이 아니다. (약간의 노력만 하면 된다)

습관에 침식되어 개인 능력이 점차적으로 감퇴되어 가는 과정은 전통숭배에 질식되어 국민의 사기가 점점 식어 가는 국가의 경우와 똑같이 비교할 수 있다.

이것이 우리들이 우리들의 능력의 최고각성상태에 도달하려고 할 때 최대의 콘트라스트로 조명된 생을 살아가야 하는 이유이다.

시각적, 청각적, 촉각적, 후각적, 미각적 콘트라스트 뿐만 아니라 성적 및 지적인 콘트라스트 – 삶의 모든 양식에 있어서 본질적인 – 는 우리들의 인생을 상상력과 환상으로 가득 찬, 완전히 독창적인 예술작품으로 만드는데 필수적인 것이다. 'phantasia (환상)'란 희랍어의 어원을 살펴보면 '출현(apparition)' 또는 '상상력(imagination)'을 의미한다. 상상력이란 확실히 뇌 속에서 출현하는 이미지이며, 이 이미지들은 뇌 속에 연결되지 않는 요소들로 이미 내재해 있으나 지성의 작용에 의해 연결되어 나타나는 것이다.

그러나 이러한 콘트라스트가 바람직한 효과를 가져오려면 이 효과를 구성하는 제 요소의 성분 하나하나가 아주 강렬하게 느껴져서 그 어느 것도 잃는 것이 없이 체험되지 않으면 안 된다. 그러기 위해서 우리들 생애의 매순간이 완전하게 살아져야 하는 것이다. 우리들은 시인의 말처럼 '순간을 붙잡지' 않으면 안 된다. 그리고 "시인은 항상 옳다. 왜냐하면 그는 지평선 너머를 바라보고 있기 때문이다."

우리들은 우리들 몸의 모든 세포와 함께 매순간을 최후의 순간인양 여기면서 살지 않으면 안 된다. 특히 환경을 지각하는 우리들의 감각기관의 세포들을 통해 매 순간을 포착해야 하는 것이다.

사랑하는 사람이 죽었을 때 우리들은 그와 함께 지낸 순간들을 돌이켜보고 그를 충분히 사랑하지 못한데 대해, 또 우리들이 얼마나 그를 사랑했는가를 보여 주지 못한데 대해 후회하게 된다. 놀랍게도 오직 죽음만이 이 깨달음을 주며 이처럼 소홀히 보낸 모든 순간이 보상받을 수 없다는 것을 절실히 깨닫게 해준다.

각성의 정도가 낮은 사람일수록 사랑하는 사람의 죽음을 더욱 슬퍼한다. 왜냐하면 그는 고인과 함께 보낸 순간들을 충분히 강렬하게 살지 못했음을, 이제는 때가 너무 늦었음을 갑작스럽게 깨닫기 때문이다.

반면 각성한 사람은 사랑하는 사람의 죽음을 그리 슬퍼하지 않는다. 왜냐하면 그는 고인과 나눈 모든 순간을 충분히 음미하면서 자신이 줄 수 있는 사랑을 모두 주었음을 잘 알고 있기 때문이다. 그로서는 고인을 더 행복하게 해주기 위해서 그 이상은 할 수 없었던 것이다.

이런 강한 감정은 좋아하는 사람이 여행을 떠날 때도 느끼게 된다. 사실, "여행은 한 동안의 죽음이다."라고 까지 말한다. 왜냐하면 그 순간은 사랑하는 사람이 여행중 실종되어 두 번 다시 만날 수 없을지도 모른다는 것을 의식하고 있기 때문이다. 그러므로 우리들은 사랑하는 사람을 떠나 보내는 순간 돌연 그 의미를 충분히 의식하게 되고 그와 함께 보낸 날들의 모든 순간을 보다 강렬하게 살지 못한데 대해 후회하는 마음으로 가득 차게 된다.

또한 사랑하는 사람과 같이 지낸 시간에 대한 지각의 결여가 일종의 질투의 반응을 일으키는 원인이 되고 있는 점도 흥미롭다. 실제로 파트너가 헤어지고 싶다고 선언했을 때 우리들은 문득 지난날들을 생각하고 더욱 애정을 줄 수 있었는데도 소홀했고 충실하게 살아오지 못한 점을 후회하게 된다.

그리하여 다시 새로운 출발을 시도하고 더욱 잘해 주려고 노력하지만 이 아름다운 약속도 시간이 지나면 다시 일상적인 습관으로 되돌아가 버리기 때문에 마침내 헤어질 수밖에 없는 상황에 부딪친다. 이러한 헤어짐을 우리는 실패라고 느낀다. 왜냐하면 그것은 우리들이 원하는 대로 살아가는 능력의 부족함을, 또 사랑하는 사람에게 최대의 기쁨을 주기 위해 우리 자신의 행동을 끊임없이 의식하는 능력의 부족함을 스스로 깨닫게 해주기 때문이다. 그러나 우리들이 진정으로 매 순간을 강렬하게 살아간다면 이러한 능력은 가능하며, 그것은 타인을 우리들 곁에 매어 두기 위해서가 아니라 다만 지나가는 한 순간도 잃지 않는다는 기쁨을 얻기 위해서이다.

이 순간을 붙잡자

실제로 사람들은 매 순간을 강렬하게 산다는 기쁨 그 자체를 위해 모든 순간을 강렬하게 살고 있지 못하다.

그러므로 각성한 사람은 기쁜 마음으로 이별을 받아들인다. 그는 모든 순간에 자신의 최선을 다했고 매 순간의 핵심을 철저히 즐겼을 뿐 아니라 떨어져 있을 동안의 모든 순간도 충분히 음미할 것을 스스로 알기 때문이다. 또 이러한 이별은 자신의 각성에 도움을 주고 떠난 사람을 추억함으로써 더욱 풍부해질 뿐 아니라 이제 그 조화감을 다른 사람들에게 돌릴 수 있기 때문이다.

우리들이 살고 있는 세계는 의식수준의 저하에 대해 큰 영향을 미치고 있으며 사람들은 특히 시간에 대한 의식이 없다. 우리들은 소년기가 언제 지나쳤는지 깨닫지도 못한 채 사춘기에 접어들고 이어 청춘을 충분히 즐기지도 못한 채 결혼과 아이들로 둘러싸인 자신을 발견하게 되며, 마침내는 인생이 지나가고 있다는 것을 느끼지 못한 채 늙어 버린 우리 자신을 발견한다. 그리고 늦게서야 우리들은 하고 싶었던 일을 하지 못했다거나 지나간 세월을 충분히 만족스럽게 즐기지 못했다고 느끼게 되는 것이다. 그리고 고독감과 절망감에 휩싸여 젊은이들을 미워하게 되고 우리들이 전혀 체험하지 못했던 행복을 그들은 누리고 있다고 생각하는 것이다.

그 때문에 질투가 끊임없이 생기게 된다. 그러나 끌려가는 양처럼 우리들을 탄생에서 무덤까지 끌고가는 이 부단한 악순환을 멈추게 하고 지나가는 시간을 이제까지와는 다른 방법으로 살리기 위해서는 잠시 휴식을 갖는 것이 필요하다.

우리들은 하나의 행동에서 다른 행동으로, 그 행동의 하나하나를 충분히 생각해 보지도 않고 뛰어 넘는다. 끊임없이 무언가를 기대하면서 계속 앞만 보고 뛰어가기 때문에 지금 무엇을 하고 있는지 조차도 의식하는 일이 드물다. 하루 일이 끝난 후 저녁시간에 대해 즐거운 마음으로 상상하지만 정작 집에 돌아오면 텔레비전이나 켜 놓고 보는 것이 고작이다. 프로그램이 시시하면 내일은 좀더 재미난 프로그램을 볼 수 있겠지 하고 기대한다. 그러나 다음 날도 똑같은 일이 되풀이되기 마련이다. 매년 휴가 때에도 똑같은 일이 생긴다. 우리들은 늘 다가올 휴가를 더 즐거운 마음으로 생각하지만 그때가 되면 '작년이 나았다'고 말한다. 그리고 또 다음 해를 기대하기 시작한다. 파트너가 아이를 갖게 되면 아이가 우리와 함께 놀고 질문하는 것을 꿈꾼다. 그러나 정작 아이가 커서 말하기 시작하면 일일이 대꾸하는 것이 귀찮아서 잠자코 잠이나 자라고 말한다. 그리하여 어느 날 우리들은 결코 돌이킬 수 없는 지나간 순간들을 충분히 살지 못한 채 늙어버린 자신을 발견하게 되는 것이다.

그러나 매사의 무의식적인 흐름을 중단시키고 모든 순간을 충분히 즐기는 법을 배우는 것은 실로 간단하다. 그것은 단지 눈과 귀를 열고, 또한 모든 감각을 열어서 우리들을 둘러싸고 있는 것에 주의를 기울이면 되는 것이다. 우리들은 시간 속에서 자신의 위치를 자각할 수 있어야 하고, 어떻게 시간 속의 모든 사건들이 우리들을 현재의 모습으로, 또 현재의 위치에 존재하게 했는지를 알 필요가 있다.

이 시간 속에 자신의 위치를 재확인하는 일은 오늘에 이르기까지 우리들의 생애를 구성해 온 모든 사건들을 의식적으로 되돌아봄으로써 할 수 있다. 될 수 있는 대로 멀리 어린 시절까지 거슬러 올라가 어릴 때 만난 사람들의 얼굴, 목소리, 체취를 기억함으로써 또 우리들에게 영향을 준 선생님들을 포함해서 오늘에 이르기까지 우리들의 뇌세포에 깊숙이 새겨진 인상깊은 장면들, 첫 만남, 첫사랑, 혹은 첫 직장 등을 돌이켜 본다. 이러한 방법으로 우리들은 오늘의 우리자신을 만들게 된 경로를 차츰 재발견하고, 오늘날 우리가 알고 있는 개성으로 우리들을 형성해 온 모든 사건들을 이어주는 공통분모를 발견할 수 있게 된다. 그런 다음 우리들이 이제껏 이끌어 온 생활이 우리들 자신이 진정 좋아하고 있는 것인가를 물을 필요가 있다. 만일 그렇지 않다면 우리들이 원하는 인생으로 이끌어 가기 위해 새로운 목표들을 설정하지 않으면 안 된다. 우리들이 원하는 미래가 과거와 이렇게 연결되면 이제 남은 일은 모든 순간들을 마지막 순간인양 강렬하게 살아가는 일 뿐이다.

어떤 경험을 완전하게 살리기 위해서는 그것을 경험하고 있는 바로 그 순간에 그것을 기대할 때 가졌던 기쁨과 그것을 언젠가 회상할 때 느끼게 될 기쁨을 동시에 의식할 수 있어야 한다.

"사랑에 있어서 최고의 순간은 정점을 향해 계단을 올라갈 때이다."라고 누군가 말했는데 이는 일반인에게 있어서는 진실이다. 행위 그 자체로부터 그것을 기대할 때나 추억할 때보다 더 큰 기쁨을 이

끌어 내려면 이 행위의 순간에 기다리고 있었을 때의 기쁨과 후에 추억으로 간직하게 될 기쁨을 함께 의식할 수 있어야 한다.

더구나 이러한 기술은 사건을 기억하는데도 좋은 방법이 되며, 단지 생각만 해도 그것이 처음 일어났을 때와 똑같은 강도로 재현되어 느낄 수 있게 된다.

마지막으로 개인의 각성과 개화에 필수적인 성생활이라는 근본적인 주제와 그 역할에 있어 마스터베이션(자위)을 논하지 않으면 안 된다.

마스터베이션 : 필요불가결한 하나의 과정

우리들의 사회는 자기 에로스화에 의해 육체가 자기 자신에게 줄 수 있는 기쁨을 청소년들이 발견하지 못하게 함으로써 수많은 젊은 이들의 능력을 저하시키고 있다. 극도의 죄의식을 심어 주거나 악과 연관시켜 '비정상적'이라고 부르기도 하며, 더욱이 이것에 빠지면 실명이나 발광 또는 마비의 위험이 있다고 요즈음도 종종 말하고 있는 것을 볼 수 있다.

육체와 호르몬 변화의 중요한 전환기의 극도로 민감한 상태에 놓여 있는 청소년들에게 이와 같은 말을 함부로 하는 사람들은 전적으로 범죄자들이다. 대체 얼마나 많은 청소년들을 그들은 인생의 낙오자로, 광증의 소유자로, 또는 '불능자', '불감증' 환자로 만들어 왔던가?

오늘날 과학은 마스터베이션이 중세 승려들이 예측했던 어떤 위험도 수반하지 않을 뿐 아니라 개인이 자신의 육체를 발견하는 중요한 시기에 조화로운 성장을 위해 필요불가결하다는 사실을 증명하고 있다. 지금이야말로 교회를 선두로 하여 이런 어리석고 죄의식을 심어 주는 말을 하는 모든 사람들을 고발해야 한다.

청소년에게 있어서 어느 날 갑자기 자신의 성기가 자기 자신에게 놀라운 쾌감을 부여해 준다는 사실을 발견하는 일은 그들의 성장과정에 있어 필연적인 것이다. 주위 사람들에 의해 심어진 죄의식은 그들에게 자신의 몸을 만지는 것을 절대로 하면 안 된다고 강제로 금하지만 그들로서는 어쩔 수 없이 혼란된 의식상태 속에서 그것을 계속하게 된다. 따라서 그들은 자기들 속에 일어나는 욕구에 대해 혐오감을 느끼고 그러한 욕구로부터 도피할 수 없는 육체 그 자체를 증오하게 되며, 결국 그러한 혐오감으로 일생을 보내게 된다. 심각한 정신이상자의 대부분은 마스터베이션이라 알려진 이 자기에로스화로부터 '금욕'하지 않으면 안 된다는 철저한 세뇌 하에 자신의 육체에 대항해 막대한 노력과 희생으로 금욕을 행했던 보기 드문 경우들인 것이다. 결과적으로 그들은 풍부한 감수성을 잃어버리고 육체적으로나 정신적으로 거칠고 냉담한 인간이 될 수밖에 없었던 것이다.

이러한 자연적인 신체반응에 대한 죄의식으로 깊게 상처 입은 청소년들 속에는 다음과 같은 아동들도 포함된다. 즉 성적문제에 부딪치는 것이 부모 자신이 두렵기 때문에 "성기에 관한 이야기는 절대로 입에 담지 말라."는 부모 덕분에 그런 죄의식을 겪지 않아 다행이라고 생각하는 모든 아이들의 경우다. 더욱이 이러한 부모들은 그들 자신이 미신적인 종교교육의 영향으로 고통받아 왔으면서도 불충분한 지식으로 인해 육체는 악이며 정신은 선이라고 여기고 있는 것이다.

그러나 죄의식을 일으키는 교육으로부터 고통받아 온 사람들이나, 다행히 자신을 개화시키는 문제에 가까스로 대처할 수는 있었으나 자식들에게 이런 일을 이해시키는데 자신을 부끄럽게 느끼는 부모들로부터는 어떤 납득할 만한 설명도 기대할 수 없으므로, 이제부터라도 나이에 상관없이 자신의 육체와 그 반응을 사랑하는 방법을 다시 배울 수 있다는 것이 무엇보다도 중요하다. 이제 사람들은 그들의 성기와 그것이 주는 쾌감을 죄의식을 전혀 느끼지 않고 마음대로 사랑하는 방법을 다시 배울 수 있는 것이다. 무엇보다도 그들이 빼앗겼던 그토록 중요한 자기에로티시즘을 다시 발견하고 이전에 겪었던 갈등없이 이제는 청춘을 완전한 의식하에서 되살릴 수 있는 것이다.

이렇게 성적으로 다시 태어나는 것이 남성에게 중요하다면 여성에게 있어서는 더욱 중요하다. 베티 도드슨(Betty Dodson)은 그의 놀라운 저서 「여성의 오르가즘」에서 "마스터베이션은 성행위에 있어 기본적이다. 그 이외의 것은 모두 성생활의 사회화에 지나지 않는다."라고 말하고 있다. 무엇보다도 이 책은 대단히 잘된 삽화로 여성이 자신의 성기와 아름다움을 자각하는 것을 돕고 있다. 남성우위의 사회에서는 항상 여성의 성기를 경시하고 천한 것으로 여겨 왔다.

잃어버린 청춘을 되살리는 첫 번째 일은 자신의 육체를, 특히 자신에게 최상의 기쁨을 주는 부분을 사랑하는 일이다. 그리고 그것으로부터 얻을 수 있는 기쁨의 질을 높이기 위해 이 기관에 대한 지식을 발견하고 증가시키는 법을 배워야 한다.

성기가 어떻게 기능하는가 또 어떤 애무방법이 뇌 속에서 가장 강한 쾌감을 일으키는가를 아는 최상의 방법은 스스로 실험해 보는 것이다. 자기 자신 외에 어느 누구도 최고의 만족을 주는 부분에 정확히 자기 손가락을 갖다 댈 수는 없을 것이다. 또 그런 부분은 개인에 따라 조금씩 다를 것이다.

따라서 우리들은 파트너에게 자신이 바라는 것을 그가 행할 수 있게 자기 느낌을 구체적으로 가르쳐 줄 수 있는 것이다. 그러나 타인에게 가르치기 전에 우선 자기 자신이 알고 있지 않으면 안 된다.

우리들의 감각이 우리들을 둘러싸고 있는 무한과 우리 자신을 연결시켜 주는 것이라면, 자기 에로스화는 우리들의 컴퓨터 내부를 탐구하는데 가장 효과적인 방법이라 할 수 있다.

자기 에로스화는 남성에게는 '반쪽 설계도'를 방출하고 여성에게는 그 '반쪽 설계도'를 수용하기 위한 육체적 반응을 점화시키는 지렛대인 것이다.

커플로 동거하는 사람들에게 있어서도 서로 자기 에로스화의 능력을 발견하는 것이 매우 중요하다. 실제로 상대방의 육체가 존재함으로써 이 능력은 더욱 강화될 수 있는 것이다. 이 경우에 있어서도 일상적인 이기주의자는 그의 파트너가 자신의 면전에서 마스터베이션을 하는 것을 용납하지 못한다. 왜냐하면 자신에게 쾌감을 주기 위해서만 존재하는 파트너가 홀로 즐기려고 하기 때문이다. 그렇다면 자부심을 가지고 여성에 대해 유일하며 절대적으로 우월하다고 믿어 오던 그의 남성다움은 어떻게 된 것인가? 이기주의자는 파트너의 손에 대해서조차 질투하는 것이다.

이에 반해 각성한 사람은 사랑하는 사람이 행복해 하면서 쾌락의 심층 메커니즘을 스스로 발견하는 것을 보고 기뻐한다.

의식개화라는 나무의 뿌리라고 할 수 있는 성생활의 근본문제에 관한 고정관념을 타파한 후 우리들은 이제 똑같은 방법으로 우리들의 행동양식이나 환경 및 생활을 구성하고 있는 모든 방식과 주제들에 대해서 다시 한번 고찰해 볼 수 있는 것이다.

우리들의 개성을 형성하고 있는 모든 요소들에 대해 질문함으로써 사실상 우리들은 춘계대청소를 하고 있는 것이다. 이것이 끝난 후에야 다음 단계로 넘어갈 수가 있기 때문이다. 그러나 우리들이 살아가는 동안 우리 자신에 대해 결코 생각해 보지 못했던 문제에 부딪힐 때 우리들의 반응이 자신의 진정한 생각에서 나온 것이 되기 위해서는 이제까지 설명한 방법으로 검토해 보는 것을 잊어서는 안 된다.

마음을 비우자

자기 성격의 구성요소들에 대해 엄밀히 질문을 던지고 분석을 행한 다음 처음으로 마음을 비우는 훈련을 해보자. 마음을 비운다는 것은 마음속에 들끓고 있는 온갖 생각들 – 이것들은 마음의 평정을 방해하며 긴장을 만들어 내는데 – 을 쓸어낸다는 뜻이다.

우선 책상다리로 앉든가 또는 편안하게 느끼는 자세로 앉아서 약 12분간 심호흡을 시작한다. 이때 자신의 호흡에만 주의를 집중하는 것이 필요하다.

그런 다음, 어떤 것에도 마음을 집중하지 않는 상태에 주의를 기울인다. 말하자면 마음속에 떠오르는 일체의 생각을 배제하는 것이다. 훈련만 잘하면 마음속에 아무 생각도 없는 상태를 유지할 수 있는데, 이때 아무 생각도 하지 않는다는 생각조차 떠오르지 않게 해야 한다.

앞에서 보아 온 것처럼 두뇌란 그 속에 모든 방향으로 전류가 흐르고 있는 컴퓨터에 지나지 않는다. 이 훈련은 이러한 전류의 흐름이 순조롭고 평정을 되찾을 수 있도록 조정하는 것이 목적이다. 수분간 이런 훈련을 하고 나면 우리들은 훨씬 효과적으로 생각하고 행동할 수 있게 된다.

이와 같은 절대적인 공(空)을 추구할 때 우리들 자신을 내부 세계로부터 분리하는 것과 같이 외부 세계로부터도 완전히 분리하는 것이 중요하다. 수 분간 '식물'이 되도록 노력해 보자. 식물도 실은 그들의 환경을 느끼고 있으므로 식물이상의 식물이 되어야 한다. 거의 광물의 상태가 된다고 해도 좋을 것이다.

어떤 소음도, 움직임도, 어떤 냄새도, 소리도 마음을 비운 사람에게는 느껴지지 않는다. 이 훈련은 소란한 길거리의 군중 속에서도 행할 수 있다. 실제로 이것은 소음이 심한 환경 속에서 살거나 일하는 사람들에게 특히 유익하다.

말하자면 우리들 자신을 감각의 단식상태에 두는 것이다.

이 단식은 모든 종류의 긍정적인 금욕과 마찬가지로, 우리 자신이 감각의 단식을 행한 후 보다 사물을 강렬하게 지각할 수 있게 하는 것을 목적으로 한다.

이 각성훈련에 들어가기 전에 하루 동안 우리들의 생체조직을 정화시킬 목적으로 다량의 물만 마시고 감각이나 음식의 단식을 행하는 것이 극히 유효하다.

끊임없이 새로운 마음의 상태를 갖기 위해서는 이제까지의 우리들의 행동이 스스로 원해서 한 것이라기보다는 거의 모두 타인이나 일에 대한 반응에 지나지 않는다는 사실을 자각하는 것이 무엇보다 중요하다. 이제 우리들이 독자적으로 결정할 수 있는 유일한 행동은 더 이상 반응하지 않는다는 것이다.

우리들이 살아오면서 자신의 행위라고 생각하여 행동해 온 모든 것들이 사실은 다양한 반응의 연속에 지나지 않는다.

우리들의 탄생두 9개월 전에 있었던 우리 부모의 성교에 대한 반응이라는 간단한 사실에 지나지 않는다. 태어난 아기가 우는 것은 배가 고프기 때문이고, 또 배가 고픈 것은 에너지를 다 소모해 버렸기 때문이다. 이러한 무수한 반응은 일생을 통해 계속된다.

당신이 지금 이 책을 읽고 있는 것도 광고를 통해 보고 이 주제에 흥미를 느꼈기 때문이다. 어떤 주제에 흥미를 느낀다는 것조차도 당신이 받아 온 교육에 따르는 반응이거나 혹은 이러한 교육에 반발하는 반응인 것이다. 이런 식으로 우리들은 우리들의 모든 반응들을 탄생에까지 거슬러 올라갈 수 있고, 다음에는 양친의 모든 반응들을, 마침내는 창조된 최초의 인간들에까지 소급해 갈 수 있다. 그리고 최초의 인간들도 역시 생명의 창조를 가능케 한 과학수준에 도달한 우리들의 창조자들의 반응에 의해 창조된 것에 불과하다. 그리고 이 창조자들 자신도 또 다른 연쇄적인 반응의 결과로 생겨난 것이다. 우리들은 이렇게 연속적인 추리 – 이것 자체가 하나의 반응에 지나지 않지만 – 를 무한히 계속해 나갈 수가 있다. 실로 이러한 고찰은 우리가 무한을 의식하는데 도움을 준다.

이 책을 쓰고 있는 나 자신도 엘로힘과의 만남에 대한 반응으로 이 가르침을 당신에게 전달하고 있는 것이다. 그들은 우리들을 인도하고 있으며 이 훈련법을 전파하도록 내게 부탁했다.

이렇게 우리들은 나면서부터 줄곧 행해 온 무한한 반응들의 연속 – 우리들은 그것을 반응이 아닌 행동으로 생각하지만 – 을 의식하게 되며, 또 우리들이 선택하는 반응(행동)을 항상 의식해야 할 중요성을 이해하게 된다.

누군가 거리에서 우리들을 밀어젖히거나 욕설을 할 때 그것이 시비를 걸 목적이라면 그는 우리들이 시비에 걸려들 반응을 기대하게 된다. 만일 우리들이 불쾌한 언동으로 반응을 한다면 그가 바라는 바의 반응을 한 셈이므로 곧 난폭하게 나올 것이다. 그러나 우리들이 그의 욕설에 반응하지 않고 길을 계속해서 걷는다면 우리들은 반응할 것을 거부하고 자기 자신의 의지에 따른 녹자적인 행동을 한 것이 된다.

우리들이 마음을 비우는 훈련을 할 때 우리들은 환경과 우리 자신의 사고에 대한 모든 반응들을 거부하고 우리자신이 독자적으로 행동하는 상황 속에 들어가게 된다. 이러한 과정에 들어가는 사람은 부단히 일어나는 무의식적인 반응의 연속적 사이클로부터 벗어나 마침내 자신의 의식수준을 높일 수 있는 단계로 향할 수 있다.

5

자발적 재프로그래밍

참된 기호의 발견

자발적으로 우리 자신을 비프로그램화 시키고 우리 마음을 완전히 비운 후에야 우리들은 주변 환경에 대해, 나아가서는 우리들을 둘러싸고 있는 무한에 대해 우리들의 전 존재를 각성시킬 수 있다. 이것은 모든 것에 대해 우리들의 전 존재를 각성시킬 수 있다. 이것은 모든 것에 우리들을 연결시키는 것, 즉 우리들의 감각에 의해 성취된다.

"그들은 눈이 있어도 보지 못하고 귀가 있어도 듣지 못한다." 이것이 우리들의 주변에 있는 사람들의 모습이며, 우리들도 우리 자신을 자각할 수 있게 되기까지는 그들과 비슷했다.

아이가 태어날 때도 이와 똑같다. 아이는 그가 던져진 세계를 촉각, 미각, 후각, 청각, 그리고 시각을 통해 점차 발견해 나간다. 마찬가지로 다시 태어난 우리들도 우리들을 둘러싸고 있는 것들을 감각을 통해 발견해 나간다. 그러나 이전과 다른 점은 그 과정을 완전히 의식하고 있다는 점이나. 감각이 발달하게 되면, 우리들 심층 속에 조건지어진 것에 따라 습관적으로 좋다고 생각해 왔던 것들이 실제로는 좋아하는 것이 아니라는 사실을 알게 된다. 반면, 우리들이 받은 교육으로 인해 음미할 기회가 없었기 때문에 싫다고 여기던 많은 것들이 실은 우리들이 좋아할 수 있는 것임을 발견하게 된다.

우리들의 감각기능은 콘트라스트(대조, 차이)의 지각에 기초하고 있다. 촉각의 경우는 온도와 감촉의 콘트라스트로, 미각의 경우는 맛으로, 후각의 경우는 향기로, 청각의 경우는 소리로, 그리고 시각의 경우는 모양과 색채의 차이로 지각된다. 감각을 발달시킨다 함은 감각을 통해 이러한 차이를 의식하는 능력과 특히 콘트라스트가 우리 내부에서 일으키는 반응을 지각하는 능력을 발달시키는 것을 의미한다.

보통사람들은 음식을 너무 급히 삼켜 버리기 때문에 맛의 커다란 차이밖에는 느끼지 못한다. 게다가 맛을 느끼는 혓바닥의 돌기가 알코올이나 담배 등의 자극물에 손상되어 있기 마련이다. 이들에게는 두 종류의 물을 맛보고 그 차이를 구별한다는 것이 전혀 믿어지지 않을 것이다. 만일 당신이 그렇다면 그렇게 걱정할 필요는 없다. 당신이 담배만 끊으면 미각은 조금씩 회복되어 수 주일 후부터는 정상적이 되기 시작할 것이다.

마찬가지로 통상적인 사람은 냄새에 대해서도 커다란 차이밖에는 지각하지 못한다. 그에게는 "이것은 좋은 냄새다." 혹은 "이것은 나쁜 냄새다." 밖에 존재하지 않는다. 그의 파트너가 거실에 몇 송이의 장미꽃을 꽂아 놓았다고 해도 그가 냄새로 알아차리리라고는 기대하지 않는 편이 좋다. 어쨌든 눈으로 보면 알게 되겠지만 냄새로는 알아차리지 못할 것이다.

청각에 대해서도 똑같다. 드럼과 기타 소리만 있으면 그것으로 음악이 된다. 클래식 음악이나 합성음의 미묘한 선율을 느낀다는 것은 생각할 수도 없을 것이다.

시각에 관해서도 마찬가지이다. 텔레비전의 색상은 콘트라스트가 최대가 되도록 조정되어 있다. 그에게는 위대한 화가의 그림에서 색채의 미묘한 차이를 느끼거나 들판에 피어 있는 한 송이의 꽃을 분간해 내는 일이 불가능할 것이다.

마지막으로 촉각인데, 현대에 사는 대다수의 둔감한 인간들은 애무한다는 것을 알지 못한다. 그들은 겨우 뜨거운가 차가운가는 알 수 있어도 두 가지 천의 부드러운 차이를 구별한다는 것은 아주 불가능한 것이다. 그들에게 있어 애무란 마구 쓰다듬는 것이며, 여성의 피부를 만지는 것도 거칠고 비개성적으로 사정(射精)하기 전에 행하는 것으로서 단지 그 이유 때문에 기분 좋게 느껴질 따름이다. 더구나 이런 성행위도 대부분의 경우 부부간의 '의무'로서 행해지는 것이 보통이다.

그러나 현대를 살아가는 대다수 '인간들'의 불행한 실상을 빨리 잊어버리고 어떻게 하면 변화를 가져올 수 있는지, 특히 어떻게 하면 삶의 진정한 모습에 도달할 수 있는지 살펴보자.

이 모든 것은 콘트라스트에 대한 지각능력의 개선에 달려 있다. 그러나 더 나아가기 전에 다음 사항에 주의하는 것이 매우 중요하다. 조금이리도 술이나 담배, 커피, 홍차 따위의 자극물을 취하는 사람이나 특히 이 모두를 함께 상용하는 사람에게 있어서는 효과석인 감각의 개선은 불가능하다. 자신의 감각기관을 계속 손상시키면서 동시에 무한의 지각능력을 개선시키려고 노력하는 것은 소용없는 일이다. 그것은 마치 음악회에 가기 전에 솜으로 귀를 틀어막는 것과 같기 때문이다.

그럼 촉각으로부터 시작해 보자. 촉감의 개선이란 우리들이 만지는 물건의 온도와 결을 식별하는 능력의 개선을 의미한다. 훈련을 통해 점차 민감하게 느낄 수 있을 뿐 아니라 촉감이 우리들의 두뇌 속에 일으키는 반응도 지각할 수 있게 된다.

차이가 큰 것에서부터 시작해 서서히 그 차이를 줄여 가면서 마침내 그 차이가 거의 지각하기 어려운 것에까지 훈련해 나간다. 이렇게 해서 촉각 감도의 정도를 구별하고, 또 훈련을 통해 스스로 자신이 나아지는 것을 지켜보면서 감수성의 질을 세련시켜 나갈 수 있다. 우리들이 누군가 또 무엇인가를 만질 때 우리들이 만지는 것 자체가 되기 위해서는 우리 손가락 끝에 전 신경을 집중하지 않으면 안 된다. 그리고 미묘한 표면의 굴곡을 더듬으면서 시종 우리자신에게 전달되는 느낌을 충분히 음미해야 한다.

미각을 개선시키는 방법도 똑같다. 우리들이 먹고 있는 것, 또 마시고 있는 것, 특히 물의 맛을 시간을 들이면서 분석해 본다. 맛을 볼 때는 혓바닥의 미각돌기가 되어 일어나는 화학적 메시지를 따라 두뇌에 들어가 그것이 분석되는 과정을 생각해 본다. 한 가지 감각을 발달시키려면 모든 다른 감각을 완전히 차단해야 하는데, 이것은 훈련하는 감각에 전의식을 집중시키기 위해서이다.

장님의 경우, 촉감이나 청각 그리고 후각을 예민하게 발달시키는 것은 시각의 결여를 다른 감각기관의 질적 개선에 의해 보완하기 때문이다.

하나의 감각을 발달시키려면 그 감각을 집중적으로 훈련하는 동안 다른 모든 감각이 '장님'이 된 것처럼 해야 한다.

우리들은 우리들을 둘러싸고 있는 무한과 감각을 통해, 오직 감각을 통해서만 연결된다. 만질 수 없고 맛볼 수 없고 냄새맡지 못하고 듣거나 보지 못하는 사람은 전혀 의식이 없다. 의식은 감각에 의해서만 발달한다.

우리들은 무한을 사고할 수 없다. 무한은 느껴질 수 있을 뿐이다.

우리들을 살아 있게 하는 것은 우리들의 기관과 우리들이 그 속에서 진화해 온 무한과의 상호교환에 의해서이다. 보통 사람들은 자신이 이러한 상호교환으로 이루어져 있음에도 불구하고 그것을 지각하지 못한다. 이러한 무감각이 육체 및 정신의 병을 낳는 불균형을 초래하고 공격성 및 폭력성을 야기하는 것이다.

각성한 사람은 무한과의 상호교환을 의식하고 개선시킴으로써 끊임없이 자신을 무한과 조화시키는 것이 가능하다.

무엇보다 심각한 것은 일반인들이 세대에서 세대로 죄의식을 일으켜 온 관념에 따르기 위해 이러한 상호교환을 막거나 고의로 약화시킨다는 점이다. 공격적이고 호전적인 이러한 세대들로 말미암아 지구는 오늘날 우리들이 알고 있는 모습이 되었고, 스스로의 파멸을 향해 꾸준히 무기를 비축하고 있는 것이다. 각성한 사람은 이러한 상호교환을 최대한으로 발전시킨다. 그가 바위를 만질 때에는 대지가 되고, 버찌를 먹을 때는 벚나무가 되고, 장미꽃 향기를 맡을 때는 장미꽃이 된다. 또 나이팅게일의 지저귐을 들을 때는 나이팅게일이 되고, 별이 가득한 밤하늘에 대해 사색할 때는 우주가 된다.

평범한 사람은 모든 것으로부터 단절되어 고독하고 소외감을 느낀다. 그는 자신을 둘러싸고 있는 주위환경과 교류할 수 있는 육체적 능력의 끊임없는 감퇴와 지각의 결여로 인해 접촉을 두려워한 나머지 스스로 모든 것으로부터 자신을 고립시키는 것이다.

각성한 사람은 모든 것과 연결되어 있다고 느낀다. 그는 자신의 몸 속의 분자 하나하나와, 그리고 밤하늘의 별 하나하나와 사랑을 나눈다.

후각도 역시 콘트라스트의 지각능력을 증가시킴으로써 서서히 발달시켜야 한다. 그러나 담배를 피우는 사람에게는 이 훈련에 앞서 반드시 정화하는 시간이 필요하다.

청각에 대해서도 마찬가지인데, 만약 당신이 '디스코'클럽이나 '록'콘서트에 자주 가는 사람이라면 우선 귀를 회복시키는 시간을 가져야 한다. 이러한 곳에서는 음량이 너무 커서 어떤 조사결과에 의하면 많은 젊은이들이 정상적인 청각능력의 30%나 훼손되어 있다고도 한다. 이것은 수백만의 젊은이들이 최소한 그들의 청각능력의 4분의 1을, 말하자면 무한과 교류할 수 있는 능력의 4분의 1을 잃어 가고 있다는 말인 것이다! 그것을 회복하려면 일정기간동안 청각의 단식을 행하고 그동안 일체의 소리나 음악을 피해야 한다. 그러면 청각기관이 차차 감수성을 되찾게 되고, 우리들은 정상적으로 우리들의 환경 속에서 모든 소리와 음악의 풍부함을 재발견할 수 있게 된다.

끝으로 우리들의 시각도 색채의 미묘한 뉘앙스(차이)를 지각하고 정신을 풍부하게 하는 자극을 전달할 수 있도록 훈련해야 한다. 예를 들어 우리들은 붉은 색은 흥분시키고 녹색은 마음을 안정시킨다는 사실을 알고 있다. 그러나 시각능력이 개선되면 모든 색깔이 우리들이 재발견할 수 있는 특성을 지니고 있음을 알게 된다.

오감이 충분히 발달되면 다음에 우리들은 우리 자신 속에 있는 공감메커니즘을 훈련시킬 수 있다. 즉 음악을 들으면서 색깔을 본다든지, 향기를 맡으면서 음악을 듣는다든지, 그림을 보면서 맛을 느낄 수 있는 것이다. 이 장엄한 감각들의 제전은 우리들 마음의 가장 중요한 문 중 하나를 열어 준다. 그것은 전 세계의 젊은이들이 찾고 있는 마약의 효과와 같은 것으로서 이것이 우리들 내부에서 자연스럽게 일어나는 것이다. 이것은 감각명상의 훈련을 통해 자연적 메커니즘을 작동시킴으로써 어떤 위험도 없이 획득할 수 있는 것이다. 감각명상은 우리들의 감각을 개선시키고 우리들이 무한과 연결되어 있음을 지각할 수 있게 해준다.

"향기, 색채, 그리고 소리가 함께 공명한다."고 보들레르가 말했지만 그는 자신도 모르게 이 공감을 표현하고 있다. 이 모든 감각들의 조화에 흠뻑 젖어 보자. 우리들 안에 뒤섞여 있고 우리들을 기쁨의 소용돌이 속으로 실어다 줄 무한의 느낌으로 한껏 우리자신을 감싸 보자. 그 기쁨으로부터 우리들은 더욱 강렬해지고 더욱 감수성이

풍부해질 것이다. 그리하여 우리 동료들의 의식수준을 끌어올리고 그
들로 하여금 그들 자신 속에 숨어 있는 보물을 발견하게 함으로써 이
행성을 행복한 세계로 변모시켜 나갈 수 있을 것이다.

6

감각명상 프로그램

　감각명상 프로그램은 일반적으로 일주일을 요하는 각성훈련 과정으로 실시되며 전부 12가지 훈련으로 이루어져 있다. 이러한 훈련기술에 의한 효과가 놀랍고, 감각명상을 매일 연습하는 것이 보다 확실한 효과를 거두는데 필요불가결하기 때문에 프랑스와 캐나다에서 이 과정을 이수한 많은 사람들이 훈련의 내용을 카세트에 녹음하고 싶다는 의사를 표명해 왔다.

　이러한 이유로 6개의 기본 훈련과정이 선택되어 카세트로 녹음되었다. 이 테이프들은 파리, 제네바, 브뤼셀, 몬트리올에서 같은 시기에 문을 연 감각명상 센터로부터 입수할 수 있다.

　이 센터에서는 한 사람 또는 여러 사람들이 그룹으로 참석해서 명상하는 것이 가능하다. 그곳에는 가이드들이 항상 대기하고 있으며 당신에게 카세트로 가르칠 수 없는 훈련을 포함한 이 훈련법의 모든 진수를 발견하도록 도와준다. 더구나 카세트의 어떤 부분은 이성파트너와 같이 듣도록 되어 있기 때문에 독신자들은 정신적 조화감을 같이 나눌 수 있는 사람들을 이 센터에서 만날 수도 있다. 이곳에 오는 사람들은 동일한 각성훈련과정에 관심을 가지고 있기 때문에 서로 마음에 맞는 사람들은 육체적인 조화까지도 추구할 수 있다.

무엇보다도 이 센터들은 조화롭지 못한 주거환경에서 살고 있는 사람들에게 마음이 내킬 때는 언제나 여러 가지 장식품과 시설들로 오감을 충분히 만족시킬 수 있게끔 설계된 이 곳에 와서 몇 시간을 보낼 수 있도록 해준다.

동일한 각성방법을 선택한 사람들이 함께 만나서 배우는 장소이며, 또한 모든 신참자들의 문제를 자신의 문제처럼 생각하고 해결해 주는 가이드들에 인도되어 무한에 대해 감각적 지각력을 높힐 수 있는 교환의 장소, 이것이 바로 감각명상센터가 의미하는 바이다.

이제부터 감각명상 프로그램에 녹음된 6가지 기본훈련을 살펴보기로 하자.

제1권

무한과 조화한다

이 명상은 될 수 있으면 옥외에서 빛나는 밤하늘의 별을 바라보며 하는 것이 이상적이다. 그러나 기후조건이 항상 좋은 것은 아니므로 집에 명상을 위한 방을 하나 따로 마련해서 당신이 특별히 좋아하는 포스터나 그림, 조각, 또는 다른 예술작품들로 꾸며 조화로운 분위기를 만들어 보는 것이 좋다.

조명은 부드러운 간접광이 좋고 가능하다면 붉은 빛, 혹은 촛불이면 더욱 좋다. 이것은 당신의 시각을 위해서이다.

어떤 종류의 향수나, 가능하면 감각적인 향기를 가진 향을 증발시켜도 좋다. 이것은 당신의 두 번째 감각, 후각을 위해서이다.

만져서 아주 촉감이 좋고 누울 때 매우 부드럽게 느껴지는 요를 깔아 둔다. 그러나 몸을 부담없이 쭉 뻗치기 위해서는 요가 너무 푹신한 것은 좋지 않다. 이것은 당신의 세 번째 감각인 촉각을 위해서이다.

다양한 뉘앙스의 음악을 듣기 위해서 가능한 한 성능이 좋은 고음질의 오디오시스템을 설치하는 것도 좋겠다. 이것은 당신의 네 번째 감각, 청각을 위해서이다.

다섯 번째 감각인 미각을 위해서는 맛과 향기가 좋은 음식 – 박하나 아니스열매(향료)나 과일 등 – 으로 먼저 입맛을 자극시킨다.

무엇보다도 추위를 느끼지 않고 옷을 벗고 있을 수 있도록 실내온도를 충분히 따뜻하게(적어도 섭씨 22도 정도)유지하는 것이 필요하다. 당신의 몸을 완전하게 느끼기 위해서는 아무 것도 입지 않는 것이 이상적이다.

그러나 실크와 같이 아주 부드러운 감으로 된 명상용 가운이라면 마찰로 더욱 민감한 촉감을 불러일으킬 수 있으므로 좋다.

명상을 하기 전에 향수를 탄 기분좋은 온도의 물로 목욕하는 것도 매우 좋은 효과를 거둘 수 있는 준비가 된다.

직장에서 집으로 돌아올 때는 복잡하고 오염된 환경에서 입었던 옷을 갈아입는 것이 매우 중요하다. 그리고 적어도 샤워를 간단히 한다음 자루식이나 가운으로 된 명상용 옷을 입는다. 이 옷을 실크와 같이 매우 부드러운 감으로 만들면 그것이 피부에 스칠 때 그 촉감을 즐길 수 있다. 이 옷의 색상은 당신이 좋아하는 색으로 선택하면 되나, 특히 좋아하는 색깔이 없을 때는 흰색이 가장 무난하다.

특히 남성의 경우 이 옷 속에 아무 것도 입지 않는 것이 중요하다. 왜냐하면 요즘 많이 유행하고 있는 착 달라붙는 하의는 성기를 속박하고 고통스럽게 하며 이것이 대다수의 불능(impotence)의 주원인이 되기 때문이다. 이런 옷을 벗음으로써 성기가 정상적인 위치로 돌아오고 혈액이 유입되어 적정한 온도가 유지된다. 하의로 압박받고 있을 때는 제기능을 다할 수 없는 것이 당연하다고 하겠다.

그러면 첫 번째 카세트를 들어보기로 하자.

명상을 하기 위해 준비한 요위에 몸을 편안하게 눕히고 몸무게가 지면에 골고루 퍼지도록 한다. 손은 몸의 방향으로 뻗고 손바닥은 위로 향하게 한다. 오랫동안 몸을 움직이지 않아도 되는 가장 편안한 자세로 눕는 것이 중요하다. 이제 눈을 감고 귀를 기울이자.

1. 호흡의 중요성

호흡이란 무엇인가? 왜 우리들은 호흡을 하는가? 당신도 아다시피 우리들은 산소로 가득 찬 신선한 공기를 허파에 채우고 그런 다음 탄산가스로 가득 찬 공기를 밖으로 배출한다.

우리들의 폐는 혈액이 몸 속의 세포로부터 날라온 탄산가스를 내보내고 산소를 들이켜 모든 세포에게 공급하는 기관이다.

대부분의 사람들이 아주 불충분한 호흡을 하고 있다. 이따금 하품을 한다는 자체가 불충분한 호흡을 하고 있다는 증거다. 충분한 호흡을 하는 사람은 결코 하품을 하지 않는다.

매일 단 몇 분간이라도 의식적으로 호흡하는 습관을 붙이면 건강이 좋아질 뿐 아니라 각성과정도 촉진된다.

우리들은 두뇌가 생물컴퓨터에 지나지 않음을 보아 왔다. 뇌 속에서 끊임없이 일어나는 화학물질의 분비는 방전을 일으켜서 우리들의 사고를 형성하고 정신적 평정과 더불어 우리 몸의 신체적 균형을 취하도록 한다. 만일 뇌에 산소가 부족하게 되면 화학물질의 분비가 약화되고, 반대로 산소결핍에 대한 반작용으로 너무 많은 산소가 유입되어도 신체 및 정신의 병을 유발하는 각종 불균형이 발생한다.

충분한 호흡이 이루어지면 중앙컴퓨터인 두뇌세포 속에 유입된 산소는 두뇌 속의 화학물질의 분비를 촉진하고, 이러한 균형상태는 점차 전 생체조지으로 화산된다.

조화상태에 있다함은 두뇌가 통제하는 생체조직의 운영에 있어 두뇌가 기능을 최대한 발휘하고 있다는 것을 뜻한다. 이러한 이유로 감각명상의 훈련에 들어가기 전에 수 분간 심호흡을 계속하는 것이 필요하다. 이렇게 하여 몸 속에 산소가 충분히 공급되면 몸 속, 특히 뇌에 있어서 화학반응이 촉진된다.

매 훈련에 들어가기 전에 적어도 3분간 심호흡을 하는 것이 반드시 필요하다. 그러나 충분한 시간을 가지고 12분 동안 산소공급을 한다면 그 효과는 훨씬 커질 것이다.

무엇보다도 이 훈련 중에는 전 의식을 집중해서 호흡을 해야 하며, 호흡이 우리들의 생체조직에 미치는 효과를 완전히 의식하는 것이 중요하다. 호흡을 의식하면 피드백(feed - back)현상에 의해 그 효과가 증대된다.

2. 우리들을 구성하는 무한소를 의식한다

이 프로그램의 제1권 카세트의 두 번째 부분은 우리들을 구성하는 무한소를 의식하는 것이다. 중앙컴퓨터인 두뇌에 전 신경조직으로 연결된 우리 몸의 모든 세포들을 하나로 통합하는 것이 목적이다. 이러한 방법을 통해 무의식적으로 진행되고 있는 미묘한 상호연결이 의식화되지 않으면 안 된다. 그렇게 함으로써 상호연결의 질을 높일 수 있고, 우선 육체적으로 다음에는 정신적으로 완전히 통합된 일체로서 자각할 수 있게 된다.

　감각명상 프로그램 중에서 이 첫 번째 카세트가 가장 중요하다. 왜냐하면 그것은 기본적이고 또 우리들이 우리들 안에서 자라나는 것을 보게 될 지식 나무의 큰 줄기이며 나머지 훈련들은 그 가지에 불과하기 때문이다.

　이 훈련의 요점은 몸이 그것을 구성하고 있는 세포들을 의식하게 하고 또 세포들로 하여금 그들이 이루고 있는 몸을 의식하게 하는 것이다. 우리 몸이라는 건축물을 구성하는 벽돌이 되는 세포 하나 하나는 주변의 세포들과 직접적으로 연결되어 있을 뿐 아니라 모든 세포들을 한데 연결시키는 두뇌 컴퓨터에 의해 다른 모든 세포들과 간접적으로 연결되어 있음을 이 훈련을 통해 깨닫게 된다.

　이 훈련의 끝부분에서는 스스로 느끼도록 만들어진 모든 신경세포들을 통해 자신을 구성하고 있는 물질을 자각하는 것이 중앙컴퓨터 그 자체임을 의식하게 된다. 그것은 스스로 자각할 뿐 아니라 자각한다는 그 자체도 의식하는 물질인 것이다.

　이때 우리들의 전 생체조직은 두뇌와 모든 세포들 사이를 골고루 퍼져가는 에너지파로 충만된다. 그러므로 우리들은 행복감을 경험하게 되고 우리들 가운데 좀 더 민감한 사람은 눈물까지 흘린다. 우리들을 구성하는 세포들이 경험하는 행복감 – 전 세포가 연결되어 마침내 완전한 일체가 되었다는 – 의 화학반응일 뿐인 이 현상을 막으려 해서는 안 된다. 반대로 당신은 조화로운 파동으로 넘쳐흐르는 이 극적인 순간들을 충분히 즐기도록 해야 한다. 이것이야말로 그 깊은 육체적 의미를 완전히 잃어버리고 지루한 묵상과 같은 종교적 형식이 되어버린 '명상하다', 'collect(불어로는 recueillement)'의 본래 의미인 것이다. collect(모으다, 명상하다)는 라틴어 'colligere'에서 왔으며 '서로 연결하다', '한데 연결하다'를 의미한다. 이러한 뜻에서 이 말은 우리들을 구성하고 있는 것들을 한데 모아 연결함을 뜻한다.

3. 자기 자신의 수준을 의식한다

훈련의 이 단계에서는 모든 부분들이 서로 연결되고 완전히 통합되어 하나로 '모아진(collected)' 생체조직이 카세트의 음악을 들으면서 단지 청각을 통해서만 우리들을 둘러싼 사물을 의식해 나간다.

우리들이 소리라고 부르는 진동을 감지하는 청각을 매개로 음악을 의식하게 되면 다음에는 우리들의 몸 전체가 이 음악의 진동을 느낄 수 있게 된다. 음악을 듣고 있는 동안 우리들의 몸은 돌연 그 자신의 내부로부터 온 것이 아닌 어떤 것을 알게 되고, 이 느낌은 세포들이 일체감을 느끼는 조화상태를 강렬하게 하는 효과를 가져온다. 그리하여 세포들은 그들 스스로 더욱 큰 일체감으로 진동하게 되고, 마침내는 지구적 조화감 속에 완전한 일체가 된다.

마지막으로 파동은 물질이 아니고 그것이 통과하는 매체를 활성화시키기 때문에, 귀뿐만 아니라 피부의 모든 숨구멍으로 듣고 있는 생체조직은 음의 진동에 의해 침투되고 확산되어 듣는 음악 그 자체가 된다.

4. 우리들이 그 일부가 되는 무한대를 의식한다

자기 자신과 조화를 이룬 생체 조직은 그를 둘러싼 환경과 조화하는 능력을 의식하게 되고 나아가서는 그 자신이 극히 작은 일부가 되는 무한대와의 조화 속에 들어갈 수 있다. 이것이 이 카세트의 네 번째 부분의 목적이다. 그것은 우리들이 평소 느끼지 못하는 무한한 은하계 한가운데로 내던지는 운동 속에 우리들을 밀어 넣는다. 우리들의 지구는 자전하면서 태양의 주위를 공전하고, 태양은 은하계의 중심을 회전하며, 은하계도 그 자체 다른 중심을 향해 돌고 있다. 이 모든 운동은 '무한히' 확대되어 마침내는 상상할 수 없는 속도로 움직이는 무한한 율동 속에 우리들을 내던지는 것이다.

그런데도 우리들은 보통 지면에 가만히 누워서 움직이지 않는다고 생각하는 것이다. ... 그리고 우리 머리 위에 있는 이 광대한 우주의 어딘가에 우리들을 자식처럼 사랑하고 지켜보는 사람들이 있는 것이다.

자신을 구성하고 있는 무한소와 이미 조화되었고, 또 자신을 둘러싼 파동의 리듬과 완전히 공명 진동할 수 있는 상태에 있는 사람은 무한대를 이렇게 바라봄으로써 그가 살고 있는 우주의 광대한 크기를 의식하고 그가 작은 일부로서 영원히 잠겨 있는 우주의 자연적 조화를 의식할 수 있게 된다.

우리들이 잠겨 있는 무한대 속에 존재하는 이 조화를 의식하는 일은 똑같은 과정으로 우리 자신을 구성하는 세포들의 상호 설합을 상화시킨다. 우리들의 생체조직이 우주의 조화력 속에 둘러싸여 있는 자신을 갑자기 발견하게 되면 자기 자신도 조화적이 되지 않으면 안 된다고 느끼게 된다.

5. 인류의 가능성을 깨닫는다

이 훈련의 마지막 부분은 우리들 자신이 구성요소가 되는 인류를 의식하는 과정이다. 말하자면 우리들의 수준으로 돌아와서 모든 사람들이 완전한 조화 속에 함께 진동할 때 이루어질 형제애와 우주적 평화로 충만된 지구로 우리 자신을 확대시켜 나가는 것이다.

누구든지 이러한 놀라운 만족감에 도달할 수 있다는 사실은 우리 자신이 각자 인류라는 거대한 신체를 구성하는 세포들 중 하나이며, 우리들이 느낀 행복감을 다른 사람들과 함께 나눔으로써 지구 전체에 이 사랑의 파동을 전하는데 참여할 수 있음을 깨닫게 해준다. 또 이러한 행운을 갖지 못한 모든 사람들에게 그들 자신이 잠겨 있으나 의식하지 못했던 자연적 조화를 발견하는 기쁨을 알려주는 것이다.

이 훈련은 일반적으로 마약에 의해서 얻어지는 쾌감의 '고조'상태를 가장 빠르고 자연스럽게 아무 위험도 없이 느낄 수 있게 해준다. 마약을 사용하던 많은 젊은이들이 두려운 금단 증세를 느끼지 않고도 이 훈련을 통해 훨씬 강력한 쾌감을 '끌어낼'수 있음을 알고 일체의 위험한 물질의 사용을 중지했다. 더욱 중요한 것은 그들이 직장생활이나 성생활에 있어 훨씬 능률적이 되고 있다는 사실이다.

마약은 두뇌 회로 상에 어떤 단락(短洛)을 일으킴으로써 변조된 의식상태를 유발한다. 그것은 잠시 동안 쾌감을 일으킬지 모르나 실제로는 뇌의 기능에 손상을 가져온다. 감각명상은 똑같은 쾌감을 보다 강렬하고 영속적으로 느낄 수 있게 해준다. 감각명상은 회로의 단락을 통해 의식 상태를 변조시키는 대신 우리들의 자연적 메커니즘을 발달시킴으로써 각성 수준을 높여 주기 때문이다. 이러한 자연적 메커니즘은 훈련을 통해 우리들이 사용하면 할수록 더욱 잘 기능할 수 있게 해준다.

마약은 우리들의 자연적 메커니즘을 위축시킴으로써 모종의 엑스타시를 느끼게 해주는데 반해 감각명상은 이러한 메커니즘을 발달시켜 보다 쉽게 엑스타시에 도달할 수 있게 해준다. 완전히 각성한 사람은 절대적인 희열 상태에 항상 머물 수가 있다. 이러한 의식 수준에 도달하려면 상당한 기간의 자기 수련이 요구된다. 일반적으로 7년 정도가 필요하다. 이미 상당히 각성된 상태에 있는 사람이나, 이미 명상을 시작한 사람들은 훨씬 단기간에 이룰 수 있을 것이다.

제2권

생명의 리듬을 의식한다

이 카세트 제2권은 호흡을 의식하는 것으로 시작한다. 그러나 먼저 훈련에 비해서 보다 육체적인 방법으로 실행한다.

여기서는 우리들의 호흡기관 전체를 느끼는 것이 요점이다. 우선 숨을 멈춘 다음 우리가 들이마신 신선한 공기와, 폐와 기관지에 남아 있는 따뜻한 공기를 대조해서 느껴 보는 것이다.

우리들의 감각은 온도나 색채, 소리 또는 냄새의 차이를 느낄 때와 같이 콘트라스트를 감지함으로써 발달한다.

매 훈련을 시작하기 전에 늘 하는 것처럼 우리 자신에게 충분히 산소 공급을 한 다음 우리들의 폐에 의식을 집중시키고 우리들의 생명을 유지시켜 주는 놀라운 화학교환, 즉 혈액의 산소공급을 의식해 본다.

그런 다음 우리들은 심장의 박동을 느끼는데 의식을 집중한다. 이 펌프는 혈액을 폐에 보내고, 혈액은 폐에서 우리들의 몸 전체가 필요로 하는 소중한 산소원자를 운반해 준다.

우리들의 심장 박동을 더욱 쉽게 느껴 보려면 오른쪽 손가락 끝과 왼쪽 손가락 끝을 살짝 닿게 해보면 된다. 처음에는 손가락 끝에서 규칙적인 리듬을 느껴 보도록 하고 다음에는 손바닥 전체에서, 그리고 차차 몸의 모든 부분에서 느껴 보도록 한다. 팔 속에서, 몸 전체에서, 마침내는 두뇌 그 자체 속에서 심장의 박동을 느껴 보는 것이다. 심장이 우리들의 가슴 속에서 조용히 조화롭게 뛰는 것을 느낌으로써 우리들은 심장을 의식하게 된다.

각성실습에서는 다른 훈련방법을 통해 심장 박동을 마음대로 늦추거나 빠르게 하는 방법도 배울 수 있다. 마치 우리들이 호흡을 길게 하거나 짧게 할 수 있는 것처럼 말이다. 그러나 심장의 경우는 그 리듬이 우리들의 생각에 상관없이 뇌에 의해 통제되고 있다는 점이 다르다.

1권 카세트가 우리들의 생체조직을 의식을 통해 결합하는 데 비해 이번 것은 우리들의 조직을 끊임없이 활성화하고 생명력을 주는 리듬을 의식하게 한다. 손가락 끝에서 느껴지는 이 펌프의 하나하나의 박동은 본질적이며 우리들이 살아 있음을 느끼게 해주고 그것을 의식하게 해주는 두뇌와 마찬가지로 중요하다.

제3권

우리들의 몸을 의식한다

우리들은 지금까지 몸을 구성하는 전 세포들을 결합하고 그것을 활성화시키는 리듬을 느꼈다. 이제 카세트 제3권에서는 우리들의 감각을 통해 몸을 의식하는 훈련을 한다. 앞의 두 가지 훈련은 우리들 자신의 내부에서 행해지며 우리들의 생체조직이 외부에 대한 감각기관을 거치지 않고 전적으로 내부 메커니즘 통해 자기 자신을 의식하는 과정이었다.

이제 우리들은 눈을 감고 우선 우리들의 촉감으로서, 그리고 차차 다른 감각을 통해 우리들의 육체를 발견하도록 해본다.

촉감을 통해 우리들의 몸을 발견해 나감으로써 우리들의 몸의 여러 부분에서 감수성의 차이를 느낄 수 있고, 또 만지는 자와 만져지는 자, 애무하는 자와 애무받는 자로서의 양쪽 쾌감을 동시에 맛볼 수 있다.

그러나 이 훈련의 처음 몇 번은 몸의 다른 부분보다 손가락에 주의를 기울여 손가락으로 자기 몸의 모양과 형태를 느끼기 위해 단지 만지는 자가 되지 않으면 안 된다. 우리 자신의 모습을 더듬어 탐험하면서 우리들은 유아기에 자신을 탐험하면서 느꼈던 쾌감을 재발견할 수 있다. 그러나 지금은 스스로 행하면서 완전히 의식하고 있다는 점이 그때와는 다르다.

느끼는 자는 스스로 느껴지는 자이기도 하다. 이것은 우리들이 더 잘 느껴 보기 위해 손가락 끝을 빨아 보면 더욱 잘 알 수 있다. 우리들은 손가락의 촉감을 느끼는 동시에 우리 자신의 피부 맛도 알게 되는 것이다. 손가락을 빨아 보고 다음에는 팔의 피부에 혓바닥을 대어 봄으로써 우리들이 맛보고 있는 것, 즉 우리 자신의 고유한 맛을 발견하게 된다.

다음으로 눈을 감은 채 우리들의 몸의 냄새를 맡아본다. 이 훈련을 시작하기 전에 비누를 사용하여 샤워를 하지 않는 것이 중요하다. 특히 탈취제나 향수를 몸에 바르지 않도록 한다. 이상적으로는 훈련 전날 밤에 비누 샤워를 한 후 밤 동안 체취를 분비하도록 놔두는 것이 좋다.

다음 단계는 우리들 자신이 말하는 것을 우리 자신의 귀로 들으면서 자신의 음성을 발견해 본다. "나는 머리에 손을 얹고, 소리내고 있는 내 목소리를 듣는다." 이렇게 마치 타인이 말하는 것을 듣는 것처럼 자기 목소리에 귀를 기울이는 것이다.

마지막으로 우리들은 눈을 뜨고 시각으로 우리들 자신을 발견해 본다. 먼저 아기가 요람에서 손짓하듯 우리들의 손을 이리저리 움직이면서 그 움직임을 바라보는 것이다. 우리들의 손의 아름답고 유연한 움직임을 완전히 의식하고 있다는 점이 유아기와는 다를 뿐이다.

다음에는 손으로 우리들의 몸을 부드럽게 쓰다듬으면서 처음으로 자기 몸을 보는 것처럼 몸의 모든 부분의 생김새를 발견해 나간다. 훈련을 시작할 때 손거울을 준비해서 우리들의 몸에서 눈이 닿지 않는 부분들을 살펴보는 것이 매우 중요하다.

우리들은 마치 새로운 눈을 가진 듯 자기 자신을 바라본다. 여태껏 우리들은 애정을 가지고 특히 성기와 같은 우리들의 몸의 어떤 부분을 유심히 들여다 본 적이 결코 없었을 것이다. 그것은 부모들로부터 전해 내려온 터부로 여겨졌기 때문이다. 특히 여성의 경우가 심한데 여성의 성기는 남근숭배의 사회에서 '불결한 것'으로 여겨져 왔다.

우리들에게 기쁨을 주고 생명을 주는 우리들의 성기는 남성과 여성에게 있어 꽃과 같이 아름다운 것이다. 사실 꽃은 식물의 성기인 것이다.

거울을 사용해야만 볼 수 있는 항문은 우리들의 몸의 가장 놀라운 부분 중 하나다. 이곳은 우리들이 먹은 물질이 우리들이 결코 만질 수 없는 몸 속의 여러 부분을 통과하면서 우리들이 살아가는데 필요한 가장 좋은 것을 남기고 밖으로 배출되는 장소인 것이다.

단지 우리 자신이 그것을 즐기기만을 바라는 경이로운 살아 있는 장난감인 우리들의 몸을 놀라운 시선으로 발견한 후 우리들은 우리들의 환경과 다시 새롭게 접촉할 수 있다.

거기에는 우리들 자신과 마찬가지로 자신에 의해 너무나 오랫동안 무시되어 온, 우리라는 이 보물의 존재를 방금 알게 된 다른 사람들이 함께 성장하고 있는 것이다.

제4권

무한의 상징을 바라보며 명상한다

이 카세트는 누워서 행한 앞의 세 가지 훈련과는 달리 가능한 한 편안한 자세로 앉거나 책상다리를 하고 듣는다.

카세트와 함께 제공되는 〈무한의 상징〉 그림을 눈 높이의 벽에 붙여 놓고 방을 어둡게 한 다음 가능한 한 밝은 등으로 이 상징을 조명한다. 앞서 행한 훈련으로 자신을 내적으로 완전히 조화시키고 각성시킨 사람은 이제 자기 자신에 속하지 않는 전혀 다른 것을 의식하고 이 도형으로부터 발하는 파동이 자신에게 스며들도록 한다.

우리 주변에 있는 모든 종류의 형태는 끊임없이 우리들에게 영향을 미치고 있다. 최근에 소형 피라미드를 사용한 한 실험에서는 어떤 특정한 방식으로 각도진 벽으로부터 반사된 파동이 과일을 전혀 썩히지 않고 건조시킨다는 것이 밝혀졌다.

우리들은 또한 소리도 전기적으로 분석할 수 있음을 알고 있다. "O" 소리는 O형으로, "I" 는 I 라는 형태로 화면에 나타난다.

모든 종류의 색깔과 소리는 각각 고유의 파동을 가지고 있어 서로 어울릴 수 있고 또 우리들의 행동과 정서에 영향을 미친다. 마찬가지로 우리들의 환경 속에 여러 가지 모양이 발하는 파동은 우리들의 성장과 개화에 상당한 영향을 준다.

이 책의 서두에서 설명한 바와 같이 이 상징은 공간과 시간의 무한성을 나타내며 특히 조화의 파동을 방사한다. 이 도형을 티베트의 「사자 (死者)의 서(書)」나 인도의 여러 지역에서 볼 수 있는 것은 결코 우연한 일이 아니다. 이들 지역들은 지금은 미신에 짙게 물들어 있지만 개인의 개화와 완성을 중요시하는 전통으로 잘 알려져 있다.

〈시계공〉은 특별히 이 광대한 대륙의 여러 곳에 시계 사용법에 대한 흔적을 남겨 놓은 것이다.

이 훈련의 효과를 최대한으로 하기 위해서는 이 상징이 그 일부를 자신의 문장으로 사용한 나치스 범죄자들과는 아무 관계가 없다는 것을 이해하는 것이 필요불가결하다. 어떤 사전에서도 〈卍〉(만,

swastika)자를 찾아보면, '인도의 종교적 심벌'이라고 설명되어 있다. [swastika는 산스크리트 su (잘)와 asti (있다)로부터 유래되었다] 지금 이 순간에도 수백만의 사람들이 수천 년 동안 그들 조상이 해 온 대로 이 상징이 장식된 수많은 불교 사원에서 명상하고 있는 것이다.

만약 히틀러가 그의 문장을 기독교의 십자가로 대신 사용했다면 (실제로 유태인종 학살에 도움이 될 수 있었으므로 이 방법을 신중히 검토했었다) 전 세계의 기독교인들이 전후 이 십자가를 가지고 다니는 것이나 그 사용을 금지했을까?

분명히 그렇지 않았을 것이다. 마찬가지로 종교재판에서 수천 명의 사람들이 기독교 십자가의 이름으로 처형되었지만 그 사실이 예수의 사랑과 우애의 메시지를 손상시키지는 않았다.

이 점을 알아두는 것은 중요한 일이다. 왜냐하면 폭력의 문장이라고 생각되는 상징을 명상하면서 우리들 자신을 각성시키고 개화시킨다는 일은 불가능하기 때문이다. 그와 반대로, 서로 중첩된 두 개의 삼각형과 卍자가 함께 구성된 이 문장은 절대적인 사랑, 무한, 생명, 그리고 환희의 상징인 것이다.

꼭지점이 위를 가리키는 삼각형은 무한대를 나타내며 우리들을 둘러싼 별들과 은하계들을 포함한다. 보다 정확히 말해서 우리들 자신도 포함되는데 우리들은 우주의 중심도 아니며 더더욱 태양계의 중심도 아니기 때문이다.

꼭지점이 아래로 향한 삼각형은 무한소를 나타내며 우리들을 구성하는 세포들을 포함한다. 이 세포들은 그 자체가 독립된 조직으로 상

호 연결되어 있으며, 세포를 구성하는 분자들과 분자를 구성하는 원
자들은 그 자체가 하나의 우주로서 그 속에는 우리들과 같은 사람들이
존재하는 수많은 행성들이 있는 것이다. 이 사람들도 그들의 하늘을
바라보며 다른 곳에도 생명이 존재하는지에 대해 묻고 있을 것이다.

　우리들이 쳐다보는 밤하늘의 별들은 우리들이 잠겨 있는 은하계를
이루고 있다. 우리들의 은하계는 우주의 일부에 지나지 않으며, 이
우주 역시 거대한 생명체의 세포 속 어디엔가 위치하고 있을 거대한
소립자의 극히 작은 부분에 지나지 않는다. 이 거대한 존재도 그 자
신의 하늘을 바라보며 다른 곳에도 생명이 존재하는가에 대해 생각하
고 있을 것이다.

　무한대는 무한소로 구성된다. 무한소가 없다면 무한대가 존재할
수 없다. 그러한 이유로 이 두 삼각형은 서로 교차되고 있는 것이다.

　크자는 시간의 무한성을 나타낸다. 우리들 주변에 있는 모든 사
물은 물질의 형태이건 에너지의 형태이건 영원히 존재해 왔다. 우리
들을 만들고 있는 물질은 영원히 존재해 왔고 영원히 존재해 갈 것이
다. 왜냐하면 우리들은 영원으로 구성되어 있기 때문이다. 오직 형
태만이 변해 갈 따름이다.

　우리들은 어머니의 자궁 속에서 우리들을 형성하는 구체적인 설계
도에 따라 어머니가 먹은 음식물로부터 취한 입자들을 조직적으로 쌓
아올린 것에 지나지 않는다. 그리고 태어난 후에는 우리들이 먹은 음
식으로부터 온 입자들로 구성된다. 어떤 것은 당근으로부터, 또 어떤
것은 감자나 고기, 달걀 등으로부터 온 것이다.

예를 들어 우리 어머니나 우리들이 먹은 후 우리들의 코의 원자가 된 당근을 생각해 보자. 이 당근은 그것이 자란 토양으로부터 이 원자를 추출했다. 이 원자는 농부가 밭에 뿌린 퇴비에서 왔고, 그 퇴비는 소의 내장으로부터 나온 분뇨 속에 있었다. 소는 목초에 포함되어 있던 이 원자를 먹었던 것인데 이 목초의 원자는 이전에 쥐를 구성했던 것으로, 이 쥐가 육식동물에게 잡아 먹혀 그 분뇨로 배설한 것 속에 있었다. 이런 식으로 당신의 코 위에 있는 이 입자의 역사는 지구상의 생명의 창조 이전까지 거슬러 올라가게 된다. 당신을 구성하는 다른 모든 입자들에 대해서도 똑같이 말할 수 있다. 이 입자들은 영원히 존재해 온 것이다. 더욱이 그중 어떤 것은 수세기 전 또는 수천 년 전에 다른 인간의 몸의 일부를 이루고 있었던 것도 있을 것이다.

이것이 지금 우리들이 명상하고 있는 상징의 의미이며 이 상징은 우리들을 향해서 유익한 파동을 방사한다.

카세트가 들려주는 이 상징을 보는 방법은 우리들의 망막에 그 모양을 새겨 넣고 특히 우리들의 컴퓨터에 그 정확한 형태를 전달하는 것이 목적이다. 이 파동을 오랫동안 받고 있으면 우리들의 조화의 정도가 훨씬 높아진다.

이것은 그 파동을 통해 우리들이 잠겨 있는 무한을 지각하는 능력을 발달시켜 준다.

제5권

타우주의 발견 – 우리들의 파트너

이 훈련은 이전의 네 가지 훈련과는 달리 혼자서는 할 수 없고 파트너가 필요하다. 이것은 성행위까지도 생각하고 있는 커플에게 있어서는 두 사람의 관계가 성공적으로 이루어질 수 있는 훌륭한 준비과정이 될 것이다. 또 이미 오랫동안 동거를 해 오면서 서로를 재발견하고 그들의 관계에 신선한 빛을 부여하기를 원하는 커플들에게도 서로를 동시에 각성시킬 수 있는 훌륭한 준비과정이 될 수 있다.

그러나 이 카세트는 물론 성적접촉을 원하지 않는 사람과도 같이 들을 수 있는데, 이 경우 우리들은 상대방의 도움으로 자신의 각성과 개화를 향상시킬 수 있다.

카세트 제4권은 이미 충분히 내적 조화를 이룬 사람이 형태의 파동을 발산하는 고정 심벌을 통해 외부세계로 자신을 개방하고 외부세계를 의식하는 것으로 구성되어 있다.

이제 자신의 내적 조화를 자각한 우리라는 우주는 자신의 모습과 같이 만들어진 다른 우주인 파트너의 몸을 부드럽게 마사지함으로써 발견해 나간다. 이 과정이 끝나면 카세트를 돌려 다시 사용하는데 이번에는 마사지를 받은 사람이 마사지를 하는 사람이 된다. 즉 발견 대상이 이번에는 발견자가 되는 것이다. 이렇게 하여 두 개의 우주가 서로 알게 된다. 불어의 connaisance(의식하다, 지각하다)의 어원은 '태

아니다 '또는 '함께 세계로 들어가다'를 의미한다. 우리가 보아온 바로 우리들의 몸은 하나의 우주이자 세계이다. 그러므로 우리들 주위에 있는 것이 우리들의 의식에 들어올 때 그것은 우리 세계의 일부가 되고 우리 세계에 태어나는 것이 된다. 두 사람이 서로 만날 때 두 사람은 서로 상대방의 세계에 들어가는 것이 된다.

마사지는 물리요법식이 되어서는 안 되며, 또 그것을 하는 데 있어 운동요법적 지식이 필요한 것도 아니다. 그 목적은 단지 촉감을 통해 상대방의 몸의 생김새를 의식해 가고, 또 우리들과 같은 세포와 원자로 구성된 그들의 몸이 어떻게 우리들과 똑같이 반응에 민감한지를 의식해 가는 것이다.

그러나 마사지가 에로틱해서는 안 된다. 우리들은 애무하는 것이 아니라 우리들이 발견하고 있는 육체를 심장 쪽을 향해 가볍게 어루만져 가는 것이다. 너무 약하기보다는 조금 힘을 주어 누르는 듯이 하는 것이 좋다. 피부를 통해 뼈의 윤곽을 감지하면서 우리들은 상대방의 살결을 의식해 간다.

우리들의 손가락은 다른 세계를 구성하는 이 살아 있는 물질을 더듬어 가는 일을 하고 있는 것이다.

마사지를 받는 사람에게 있어 이 훈련은 상대방의 손을 통해 다른 생체조직을 의식함과 동시에 더욱 중요한 효과를 우리들 내부에 일으킨다. 우리들이 완전한 조화 속에 누워 있을 때 갑자기 우리 자신에게는 이질적인 것이 우리 몸에 느껴져 오기 시작한다. 처음 반응은 긴장되어 이 낯선 것으로부터 움츠리고 싶은 느낌이 든다. 그러나 조금씩 우리 몸은 이 감촉에 의해 생기는 효과가 좋고 놀랄 만큼 아늑한 것임을 차츰 깨닫게 된다. 이윽고 피부 위에서 움직이는 손을 예상하고 기다리고 바라게 되는데, 특히 손이 아직 닿지 않은 부분과 손이 앞으로 가게 될 부분에서 그렇게 느끼게 된다. 이 기대감이 쾌감으로 변하면서 우리들의 전 생체조직이 느끼는 일체감이 점점 커지게 된다.

이 카세트가 끝나면 성적 파트너를 갖지 않은 사람에 대한 프로그램 부분은 끝나고, 다음 훈련은 남성과 여성 두 사람의 육체적 결합을 위한 준비 단계이다.

타인과의 육체적 접촉이 성적인 것과 반드시 결부되지 않고도 가능하다는 사실을 발견하는 일은 타인에 대한 우리들의 반응을 크게 변화시킬 것이다. 이제 우리들은 우리들 가까이에 있는 사람들을 종래와 똑같은 방식으로 바라보고 만나지는 않을 것이다. 우리들 주위의 다른 사람들을 새롭게 보는 이 방법은 우리들의 교류능력을 현저하게 증가시킬 것이다.

그러므로 우리들은 중세기 교육이 가르치듯 타인과는 오직 눈과 귀로 교류할 수밖에 없다는 생각은 더 이상 하지 않을 것이다. 이제 우리들은 타인이 이 접촉의 중요성을 이해하고 서로의 성장과 개화를 위해 받아들인다면 우리들이 그들을 만질 수도 있고 또 그들이 우리들을 만질 수도 있는 살아 있는 존재로서 서로를 바라볼 수 있게 되는 것이다.

어린이가 충분히 성장하고 개화하려면 양친과의 육체적 접촉이 필요불가결 하다는 것이 증명되었다. 만약 우리들이 시도해 보지도 않은 채 이러한 육체적 접촉이라는 관념에 대해 반발을 느낀다면 그것은 우리들의 교육자들에 의해 이러한 피부 접촉을 극도로 금지 당했기 때문이다. 이 교육자들 자신이 육체적인 것은 모두 악으로 보는 유태. 기독교적 도덕관에 간힌 죄수들인 것이다. 우리들은 아버지로부터 이마에 키스 받는 것뿐 아니라 꼬옥 껴안아 주기를 얼마나 기대했던가? 또 페스트 환자를 대하는 것처럼 거리를 두고 마주 대하는 것보다 툭툭 쳐주거나, 어루만지거나 쓰다듬어 주든지, 또는 가슴에 꽉 껴안아 주는 것을 얼마나 원했던가?

육체적 접촉의 결여가 이러한 면에서 우리들을 낯설게 만드는 주원인이다. 그러나 부모에 의해 금지되었던 이 감각을 되살리는 법을 배우는 것은 지금이라도 늦지 않았다. 우리들은 잃어버린 시간을 보상하고 우리들의 모든 감촉 능력을 재발견하는 것이 가능하다. 그리고 무엇보다도 우리들의 손끝과 연결된 중앙 컴퓨터 속의 신경조직을 발달시킬 수 있는 것이다.

이와 같은 사실을 우리들의 아이들에게도 반드시 가르쳐 주어야 한다. 아이들을 가진 사람은 아이들에게 우리들은 서로 만질 수 있는 존재며 우리들을 만져도 되고 또 그들도 만져질 수 있다는 사실을 알려줘야 한다.

제6권

상호쾌감을 위한 에로스화

이 카세트는 훈련이 끝난 후 성관계를 갖고자 하는 두 사람을 위해 만들어진 것이다.

성행위는 우리들 속에서 자라는 나무 줄기의 정상(頂上)이라고 볼 수 있으며 그로부터 전면적인 자기 완성 및 개화의 꽃을 피우는 가지가 뻗어 나온다. 인간은 성생활이 철저히 자유롭고 조화롭지 않는 한 완전한 각성에 도달할 수 없다. 실제에 있어 두 사람의 육체적 결합은 오감을 동시에 사용하는 것을 요구하는 가장 단순한 행위이다. 더욱이 그것은 전면적 열림의 순간에 무한과의 조화 상태에 도달하는 가장 간단한 방법이며, 우리들이 절대 각성에 도달할 때 영속적으로 머물 수 있는 경지를 일별하게 해준다.

다른 카세트들과 마찬가지로 충분히 산소를 공급하기 위한 시간을 갖는다. 이것은 오감이 포착한 것을 우리들에게 느끼게 해주는 뇌 속 화학반응의 질을 높이는데 목적이 있다. 이 훈련의 첫 부분은 시각으로 파트너의 육체를 알아 가는 것이다.

당신의 파트너가 당신 곁에 누워 있고 당신은 그의 머리끝부터 발끝까지 바라봄으로써 당신 자신과 닮은 또 하나의 우주를 의식하는 것이다. '무한대'의 일부인 두 개의 '무한소'가 서로 만나 이제 곧 하나가 되려고 하는 것이나.

누워 있는 사람은 눈을 감고 자신의 몸을 더듬는 상대방의 시선을 의식하고 그 시선이 움직이는 것을 '느낀다'. 상대방의 시각 기관에 자신의 매력적인 몸매를 제공함으로써 함께 감각의 각성을 추구할 수 있는 것이다. 누워 있는 사람은 마치 피부의 모든 숨구멍을 통해서 상대방의 시선이 침투되어 들어오는 듯이 느낀다.

이 훈련의 두 번째 부분은 카세트 제5권 때보다 훨씬 부드럽게 상대방의 성감대를 자극하기 위해 마사지하는 것으로 시작된다. 이것은 마사지 받는 사람을 성적으로 흥분시키기 위한 애무이다.

개인에 따른 감수성을 염두에 두고 육체의 어떤 부분은 매우 가볍게, 또 어떤 부분은 보다 힘있게 마사지할 필요가 있다. 이 경우 마사지 받는 사람은 전적으로 협조해서 자신이 좋아하는 것, 또는 좋아하지 않는 것, 또 어느 부분은 부드럽게 애무해 주고 어느 부분은 세게 해줄 것인가를 상대방에게 알리는 것이 매우 중요하다.

사실 성감대의 대부분이 일반적으로 공통된다고 해도 개인에 따른 뚜렷한 차이가 있으므로 어떤 사람에게는 전혀 느껴지지 않는 부분이 다른 사람에게는 특별한 흥분을 일으키는 경우도 있다. 연습을 통해 이런 모든 차이점을 발견함으로써 훨씬 좋은 결과를 얻을 수 있으며, 또 타인의 민감한 부분을 자극하는 기술을 세련되게 할 수 있는 것이다.

무엇보다도 애무받는 사람이 애무하는 사람에게 자신의 느낌을 정확히 전달하는 것이 매우 중요하다. 지극히 작은 쾌감도 작은 신음으로 분명히 표시할 필요가 있다.

여기에는 3가지 효과가 있다. 첫째, 마사지하는 사람이 손을 보다 정확하게 이끌어 갈 수 있게 해주고, 둘째, 자신의 애무로 인한 효과를 감지함으로써 마사지하는 사람도 흥분을 느끼게 된다. 셋째는 적극적인 피드백(feedback) 과정에 의해 마사지 받는 사람이 느끼는 쾌감의 질이 고양된다. 쾌감을 느끼는 자기 자신의 신음 소리를 듣는 행위는 감각기관의 기능 개선을 자극하는 어떤 메커니즘을 뇌 속에 일으킨다. 쾌감이 쾌감을 불러일으키는 것이다.

이런 이유로 이 훈련을 시작할 때부터 아주 작은 쾌감에도 파트너가 알아들을 수 있도록 약간 소리내어 신음해서 반응을 표시하는 것이 무엇보다 중요하다. 처음 시작할 때의 쾌감이 소리로 나타낼 만큼 크지 않더라도 지각에 대한 적극적인 반응으로 소리를 조금씩 크게 증폭시켜 간다. 이 쾌감에 대한 우리 자신의 반응을 증폭시키는 것은 쾌감 자체의 증폭을 일으킨다.

시각과 촉감, 그리고 청각으로 파트너와 접촉한 후 이제 미각과 후각을 작동시켜 본다.

손가락 끝으로 애무했던 부분들을 이번에는 입술을 가볍게 대고 혀 끝으로 맛을 보거나, 입김을 불어 냄새를 맡아본다.

그러면 누워 있는 사람은 코와 입술로 자신을 탐색해 오는 상대방의 뜨거운 입김을 느끼게 된다. 이 연습을 할 때 후각을 훈련시키기 위해 코로 숨을 들이마시고, 또 누워 있는 사람이 피부로 당신의 숨결을 느낄 수 있도록 입으로 숨을 내쉬는 것이 필요하다.

파트너의 체취를 발견하는 것은 매우 중요하다. 체취에는 페로몬이라고 부르는 화학물질이 포함되어 있다는 사실이 과학적으로 증명되었다. 'pheromones'은 희랍어로 '운반하다'를 의미하는 'pherein'과 '나는 존재한다'를 뜻하는 'hormao'이 합성되어 <나의 존재를 퍼뜨린다>는 의미를 갖는다. 생물체로부터 분비되어 같은 종의 다른 생물의 행동에 영향을 미치는 모든 물질에 이 명칭이 사용된다.

어떤 종류의 나방은 번식기가 되면 수 킬로미터 떨어진 곳에, 더구나 온갖 냄새로 가득 찬 숲 속에서 이성 파트너가 발산하는 냄새를 찾아간다. 그러므로 우리들은 이 감각이 얼마나 중요한가를 알 수 있다. 더욱 중요한 사실은 여성의 성기에서 발산되는 냄새로 어떤 경우 남성의 불능을 치료할 수 있고, 또 남성의 냄새로 여성의 불감증을 치료한 예가 있다. 이것이 이 조화로운 성생활을 하기를 원할 때 탈취제를 사용하지 말아야 하는 이유가 되기도 한다.

덧붙여서, 신선한 체취는 결코 불쾌한 것이 아님을 분명히 알아두는 것이 또한 중요하다. 예를 들어 신선한 땀은 전혀 불쾌하게 느껴지지 않는다. 만일 오랫동안 씻지 않고 땀이 옷 속에서 발효하도록 놔둔다면 그 냄새는 참을 수 없는 악취가 될 것이다. 장미꽃도 썩으면 악취를 풍기게 마련이다.

지금까지 우리들의 체취 중에 포함된 어떤 물질이 우리들의 성적 반응에 영향을 미치는 것을 보아 왔다. 카세트가 지시하는 부분에서 숨을 내쉬고 파트너의 냄새를 맡음으로써 이 독특한 물질이 우리들의 뇌 속에서 고유의 자극 효과를 일으키게 하는 것이 무엇보다 중요한 것은 바로 이런 이유에서이다.

미각에 대해서도 마찬가지로 적용된다. 피부도 화학적 메시지를 포함한 중요한 물질을 분비하는데 그 메시지를 혀의 돌기가 분석하고 우리들의 두뇌에 전달한다. 그러면 두뇌는 우리들의 성기에 화학적 신경 메시지를 전하고 행동에 들어가도록 한다.

호흡의 교환도 중요하다. 그것은 두 사람의 몸이 호흡과 조화할 수 있게 해주고 리듬에 의해 살아 있음을 느끼게 해주기 때문이다. 또한 우리들의 몸의 내부와 접촉해 온 공기는 우리들의 몸 속을 여행해 온 원자들을 포함하고 있어 두 개의 생체조직의 상호 '연결'에 기여하게 된다.

끝으로 키스는 두 사람이 맛의 돌기를 접촉하여 화학적 메시지를 교환하고 같은 기관으로 자신을 맛보는 타인의 기관을 직접 맛보는 것이 가능하다. 청각이나 후각으로는 불가능하지만 손가락 끝으로 서로를 감지할 때처럼 입술의 경우는 보다 강렬한 느낌을 교환할 수 있다.

이 훈련이 끝나면 누워 있는 사람이 반대로 행할 차례가 된다. 이렇게 하여 두 사람은 마침내 서로에 대해 완전히 열려지고 서로 풍부하게 되어 두 개의 우주의 만남이라는 경이적인 차원을 마음에 그리면서 결합할 준비를 한다. 단순히 성기뿐 아니라 전 신체로 느껴지는 의식적 오르가즘에 동시에 도달하는 것이 이 무한의 축제를 위해 면밀히 준비해 온 것에 대한 보상이라 할 수 있다. 이것은 매우 오랜 시간 동안 지속될 수 있는 것이며 '성교'라고 부르는 것과는 전혀 다른 것이 될 것이다.

마침내 서로 한 부분이 되는 두 사람의 절대적 결합은 그들을 구성하고 있는 원자들과의 사랑을 가능하게 하며 동시에 그들이 일부로서 구성되는 은하계와의 사랑도 가능하게 한다. 그리하여 우주적 오르가즘이 실현되는 것이다.

7

감각명상센터

    지금까지 분석해 온 프로그램이 우리들을 만든 '시계공'이 '인간'에게 준 가르침의 전부는 아니다. 이미 언급한 바와 같이 이 프로그램은 인간의 개화라는 나무의 몸체에 비유할 수 있다. 그러나 몸체만을 가진 나무는 살 수 없다. 나무가 숨쉬고 꽃을 피울 수 있기 위해서는 잎을 무성하게 하기 위한 수많은 가지들이 반드시 필요하다. 이 가지 하나하나가 중요한 훈련 과정인데 어떤 것은 감각명상의 교사(여기서는 가이드라고 한다)를 필요로 하고, 또 어떤 것은 집단 훈련을 필요로 하기 때문에, 이런 과정은 녹음된 카세트의 형태로 지도하기가 어렵다. 특히 집단 훈련의 경우, 집단적 발성에 의해 음성 바이브레이션을 조화시키는 훈련도 있다.

    각성을 위한 과정의 일부로 가이드의 지도를 받으면서 우리 자신의 육체의 아름다움을 하나씩 발견해 나가는 것도 들 수 있다. 자연주의적인 가르침을 배우면서 실습에 참여한 동료들과 비교해 봄으로써 우리들은 육체의 모든 부분이 아름답고 조화되어 있음을 음미할 수 있다. 이것은 여성에게 있어 특히 중요한데 여성의 성기에 대한 관념이 더럽고 추한 것으로 인식되어 왔기 때문이나. 여러 사람이 서로 자기의 것을 비교해 봄으로써 그들의 성기가 얼마나 경이롭고 매력적이며 무한히 다양한 모양으로 있을 수 있음을 발견할 수 있는 것이다.

남성 또는 여성과의 관계에 있어 멋지게 기능하는 그들 성기의 풍부한 재능을 발견함으로써 열등감 따위는 잊어버릴 수 있다. 수없이 다양한 모양과 크기로 각자의 고유한 장점을 지니고 있으므로 결코 비교할 성질의 것이 아님을 알게 된다.

가장 중요한 단체 훈련 중 하나는 이 센터에서 개발하고 발전시켜온 감각 사용의 개선 방법이다. 그것은 기본적인 오감을 발달시키는 것으로, 최종적으로는 제6감, 즉 텔레파시 교신 능력의 발달을 가능하게 한다. 이 마지막 감각은 다른 모든 감각이 최대한의 기능을 발휘할 수 있을 때라야만 발달하게 된다.

이것이 진정한 감각교육을 위한 학교인「감각명상센터」가 부여하는 가능성을 잠깐 일별해 본 것이다.

또 청소년들을 위해 이러한 센터들을 어떻게 이용할 수 있는 가도 중요하다. 사춘기에 있는 이들은 부모들로부터 성생활의 실제적인 면에 대해서는 아무 것도 듣지 못하고 있으며, 또 교사들로부터는 개나 쥐를 비유로 든 '성교육'밖에는 들은 바가 없다. 교사들이란 항상 '그것이 하는 역할'만을 가르칠 뿐이지 최대한의 기쁨을 얻기 위해 어떻게 그들의 기관을 사용해야 하는가를 가르치지는 않는다. 그들은 피임기술이 점차 놀랄 정도로 발달되고 있는 이 시대에 여전히 섹스가 단지 생식만을 위해 존재한다고 가르치고 있는 것이다.

어린 딸에게 '피임약'을 사용하게 하면서도 부모는 성행위가 아이를 낳기 위해서만 하는 것이라고 설득하고 있다. 극도에 이른 인간 기만의 한 예라고 할 수 있다.

이「감각명상센터」는 '성년(成年)이상'의 연령의 사람들에게만 개방되어 있는데, 이것은 센터가 있는 각 국의 법률이 규정하는 성년이 다르기 때문이다. 예를 들어, 프랑스는 성년이 18세이다. 15세부터 18세까지의 청소년의 경우, 우리들의 '감각학교'에 들어가려면 이 학교에서 제공되는 신청서에 양친의 허락을 받으면 된다. 즉, 15세 이상 18세 미만의 젊은이들은 양친의 동의하에(!) 성생활을 할 수 있는 권리(!)를 부여받는다. 15세 미만의 사람들은 양친의 동의가 있어도 성생활을 할 권리가 없다. 우리들의 잘못이 아니라 법률이 그렇게 되어 있기 때문에 어쩔 수 없는 것이다!

당신의 나라에「감각명상센터」가 있다면 그곳에서 당신 나라의 법률이 정하는 성년에 대해 알려줄 것이다. 당신이 너무 어리다면 기다리는 것이 좋다. 그 동안 이 책에 씌어 있는 기본원칙에 따라 혼자서 자신을 각성하는 훈련을 할 수 있을 것이다.

가이드의 역할

특별한 재능을 타고난 사람은 혼자서도 각성과 개화의 방법을 터득할 수 있지만 대부분의 사람들의 경우, 헛되이 시간을 낭비하지 않고 조화에 이르는 길을 걷기 위해서는 지도를 받는 것이 좋다. 또 탁월한 재능의 소유자라 할지라도 자신의 경험을 바탕으로 유익한 도움을 줄 수 있는 사람을 만나지 않는다면 헛된 체험에 많은 시간을 낭비하게 될 것이다.

각성은 흔히 정상에 이르는 많은 길을 가진 산에 비유되며 정상에의 도달을 자기실현이라고 한다. 개인적으로, 나는 이것을 우리들 자신 속에 우리들이 키워가는 한 그루의 나무에 비교하는 것을 더 좋아한다.

각 사람에 따라 자라는 나무의 모습과 그 열리는 열매가 다르기 때문이다. 각성에 이르는 산은 도달해야 할 정상이 하나 뿐이기 때문에 모든 사람이 같은 산을 올라가야 한다는 것을 암시하는데 그것은 옳지 않다. 또 그것은 각자가 그 자신의 산을 갖는다 해도 일단 정상에 이르면 더 이상 발견할 것이 없다는 것을 의미하기도 한다. 반면, 나무는 살아 있고 끊임없이 자라서 가지를 뻗고 더 많은 열매를 맺게 할 뿐 아니라 그 열매가 더욱 더 향기로운 것이 되도록 만들어 갈 수 있는 것이다.

이러한 이유로 감각명상의 교사들을 '가이드'라고 부르는데, 무엇보다도 그들은 정원사인 것이다. 그들은 어린 나무가 자라기 시작할 때 그 성장이 빠르고 조화롭게 되도록 지도하기 위해 있는 것이다.

진정한 가이드는 결코 '지도자(master)'로 부르는 것을 허용하지 않는다. 왜냐하면 이 말은 라틴어 'magister'에서 유래한 것으로 '사람들 위에 권위를 갖는 것'을 의미하기 때문이다. 가이드는 다른 사람에게 명령하기 위해 있는 것이 아니고, 반대로 어린 나무가 모든 가능성을 발견함으로써 그 뿌리를 내리는데 올바른 방향을 결정할 수 있도록 도와주기 위해 있는 것이다. 가능한 한 최선의 결정을 선택하도록 돕는 가장 좋은 방법은 어린 나무가 무한과 연결되어 있는 감각을 발달시키도록 돕는 것이다.

우리들이 이미 보아 온 것처럼 '명상하다(meditate)'의 어원은 '훈련시키다'를 의미하는 라틴어 'meditare'로 소급된다. 그러므로 감각명상은 무한을 지각하는 능력의 개선을 목적으로 하는 감각훈련이다. 이렇게 하여 우리들은 마침내 우리들 자신이 무한임을 깨닫게 되고 최상의 방향으로 완전하고 자연스럽게 성장하게 되는 것이다.

우리 자신을 무한과 조화 상태에 놓게 되면 우리 자신은 무한이 그자신을 드러낼 수 있는 매개물, 또는 도구가 되어 무한을 알지 못하는 사람들의 눈에 비쳐지게 된다.

가이드는 무한의 현현(顯現)에 지나지 않으며 무한을 깨닫지 못한 사람들에게 그들도 그들 자신을 구성하고 있고 그들 자신이 그 일부로 구성되어 있는 무한의 도구가 될 수 있음을 가르친다.

가이드는 사랑을 가르치지 않는다. 그는 사랑 그 자체이다. 그는 타인의 성장으로부터 기쁨을 취하며 타인의 진보에 의해 영양을 취하기 때문이다.

가이드가 가르칠 때 그들은 사람을 보지 않는다. 그들은 단지 사람들이 자신을 구성하고 있는 것을 자각하도록 도움으로써 그들로부터 무한이 현현하는 것을 바라볼 뿐이다.

가이드는 사랑받기 위해서, 존경받기 위해서 가르치지 않는다. 그들은 무한의 일부인 다른 사람들이 그들 자신을 깨닫는 기쁨을 주기 위해 가르친다. 왜냐하면 가이드는 자기 자신 속에 생동하는 생명력을 다른 사람들 속에서 찬미하기 때문이다.

이 글을 읽고 있는 당신도 역시 자기 자신을 발견하는 과정에 있는 무한으로 구성되어 있다. 그 때문에 당신은 지금 감동을 느끼고 있는 것이다. 당신이 이 감동을 지속시키고 키워 갈 수 있도록 돕기 위해서 가이드가 존재하는 것이다.

'감동(enthusiasm)'은 '신의 영감을 받은'을 의미하는 희랍어 'entheos'로부터 왔다. 우리들이 본 것처럼 여기서 신의 개념은 무한을 가리킨다. 따라서 당신 자신이 '무한에 의한 영감을 받도록' 당신을 돕는 것이 가이드의 목적이다.

8

개인적 체험기

Rene Jourdren(Saint - Etinne, 프랑스)

8월 5일 각성세미나 장소에 도착할 때까지도 나는 거기서 내가 무엇을 하게 될 것인가에 대해 의문하고 있었다. 특히 사람들과 함께 있는 것에 대해 나는 항상 극심한 곤란증을 느꼈기 때문이었다.

나는 심약한 상태에 있었으며 당시 2년간 쉽게 치유되지 않는 정신적 상처를 입고 놀란 달팽이처럼 곧잘 나 자신의 조개 껍데기 속으로 웅크러들곤 했다. 저속함이나 어리석음으로 인한 상처에 대해서는 비교적 무관심했으나 근래 수년 동안 말의 파괴적인 힘을 알게 되었고, 수치와 불안, 공포, 그리고 타인의 경악감을 겪을 때마다 나는 정신적으로 큰 타격을 받고 나 자신의 고독 속으로 도망치곤 했다.

내가 라엘과 라엘리안들을 만나게 된 것은 이러한 심리적 상태에 있을 때였다. 무언가 강렬한 것이 나를 그곳으로 떠밀고 갔으나 임무 중에 있는 병사처럼 회의와 긴장으로 잔뜩 자기 속에 갇혀 웅크리고 있었다. 세미나의 이틀째 날이 시작되자 수 십 명의 남녀가 모인 가운데 심각한 생각을 요하는 과제가 제시되었다. 그 문제에 대해 나는 고통스러울 정도로 폐쇄되어 있었고 병적으로 민감한 상태에 놓여 있었는데 그것은 성(性)에 관한 문제였다.

그것은 마치 나의 육체로부터 나를 중독시켜 온 또 하나의 이질적인 몸을 벗겨 내는 작업인 듯 느껴졌다. 다른 사람들이 그들 자신으로부터 그들을 중독시켜 온 기억들을 몰아내듯이 나 역시 이전에는 결코 가능하다고 생각해 본 적 없는 방식으로, 떨리는 목소리로 말하는 나 자신을 듣기 시작한 것이다. 우리들이 불과 바로 전날 만났음에도 불구하고 우리들 – 남자와 여자들 – 사이에 급속히 형성된 신뢰로부터 나는 용기의 북돋움을 느끼고 있었다. 나는 그때까지 친숙하지 못했던 라엘리안의 형제애와 친밀감을 알게 되었고, 곧 그들 앞에서 그토록 오랫동안 무겁게 나를 끌고 다니던 짐을 벗어버린 것이다.

세미나 기간을 통해 라엘은 지극히 간결하고 상식적이며 깊이 있는 지식으로 이 문제를 다루었다. 이 문제에 관한 한 내가 과거에 들어온 것은 천박한 조소나 야비한 말투들 뿐이었다. 이 세미나를 통해 얻게 된 혜택을 남김없이 설명하기란 불가능하다. 내가 아직도 알아차리지 못한 깊은 내면의 변화를 언급하지 않더라도, 그것은 한마디로 내 인생을 완전히 바꿔 놓았다. 마음과 몸이 열리면 열릴수록 나 자신과 타인에 대해 더 잘 알게 되었고, 조금씩 나의 인생관과 삶의 방법에 많은 변화가 일어나는 것을 관찰할 수 있었다. 이전에 내가 쌓아 온 가치관은 시대착오적으로 보였고, 그 순간부터 나는 타인이나 사물에 대해 보다 민감하고 진지한 마음으로 보기 시작했다고 생각된다. 마치 그들이 가면을 벗어버린 듯 그들의 진정한 모습을 되찾은 듯 생각되어졌다.

나는 또한 모든 사람들과 사물들을 새로운 눈으로 보듯 경이롭게 볼 수 있는 젊음의 능력도 재발견했다고 생각한다. 사랑스러운 여인을 바라보듯이 인생을 그 모든 다양성과 함께 보다 풍부한 감수성을 가지고 바라 볼 수 있게 되었다.

이러한 내적 변혁은 나의 행동 양식에도 커다란 변화를 가져 왔는데 그 변화 자체가 그 후 문제가 되었다. 내가 곧 깨닫게 된 사실은 나를 알던 사람들이 내가 그들이 알고 있던 나의 모습과 어떻게 그렇게 달라질 수 있는지를 이해하지 못하거나, 아예 이해하려고 하지 않는다는 점이었다. 나는 사랑하는 사람들이나 관심을 가진 사람들에게 충격을 줄까 두려워 나 자신을 실현시키는 욕망을 제한하지 않으면 안 되었다. 지금도 나는 나의 생활방식을 상식의 수준에 맞추려고 노력하고 있다.

나와 함께 있는 사람들은 나를 새로운 시선으로 보고 있다. 그들은 놀람과 의아심으로 가득 차 있으나 내 생활방식을 이해하고 존중해 준다. 나에 대한 그들의 태도로 미루어 보아 그들이 나를 더욱 진지하게 대해 주며 나를 더욱 존중해 주고 있다고 생각한다.

Chantal Lemetayer (Rennes,프랑스)
각성 세미나에 참가하기까지 나의 인생은 아무런 별다른 것을 갖지 못했다. 사실, 나는 자주적이거나 독립적이지 못했으며 내 자신의 문제에 대해서도 다른 사람들에게 많이 의존해 왔다. 나는 내게 없는 것을 아무 노력도 없이 얻으려 했으며, 낭비벽에 사로잡혀 있었다. 물건을 낭비하듯이 나는 음식이나 말도 그런 식으로 삼켜 버림으로써 대화나 교환, 서로 나누는 것의 의미를 잃어버렸다.

각성 세미나 덕분에 나는 상호교환과 상호작용 – 사회생활을 가능하게 만드는 본질적 요소인 – 의 중요성을 체험하게 되었다. 상호교환을 위해서는 우리 자신을 알아야 하고, 있는 그대로 자기 자신을 사랑하는 것이 필요하다. 그것은 아주 간단하다! 즉 "자기 자신을 조금이라도 사랑한다면 다른 사람들도 당연히 사랑하게 될 것이기 때문이다."

세미나 기간 동안 라엘은 호흡의 중요성을 강조하면서 우리들의 몸과 나아가서는 마음을 일깨우는 기본 방법을 가르쳐 주었다. 이 호흡은 우리들로 하여금 바깥 세계와 교류를 가능하게 해준다. 그러나 그것뿐만이 아니다. 우리들의 몸은 매일 우리들에게 봉사하는 감각기관들을 가지고 있는데, 우리들은 그것들을 잘 의식하지 않는다. 그러한 감각들이 없다면 우리 자신과 외부 세계와의 상호작용은 없을 것이고 따라서 생명은 불가능할 것이다.

라엘은 우리들의 감각들을 어떻게 민감하게 사용할 수 있는지에 대해 가르쳐 주었다. 이 훈련과정은 내가 매일을 새롭게 살아가는데 필요한 감각들을 다시 태어나게 해주었다. 나는 내 주변의 사람들의 반응에서 내가 성장해 가는 것을 측정할 수 있었다. 사람들은 내게 말했다. "당신은 항상 미소 짓고 있기 때문에 신뢰의 분위기를 만들고 있다."고.

각성 세미나는 내게 인생이 일상적인 단조로운 것만은 아니라는 것을 깨닫게 해주었다. 오히려 인생은 우리들이 그것과 하나가 될 수 있을 때 무한히 풍부해질 수 있음을 알게 해주었다. 이제 나는 나의 내부에서와 같이 외부에서도 인생의 많은 것들을 경험하고 있다. 모든 것이 단순해졌다. 나의 인생은 이제 사랑이라고 불리는 아름다운 조화 속에 나를 결합시키는 이러한 상호교환과 상호작용으로 가득 차 있다.

Pierre Gary (Paris, 프랑스)

나는 어둠 속에서 수없이 넘어졌고, 인간을 위축시키는 교육에 의해 속박되었으며, 수세기의 몽매주의가 부과해 온 모든 금기와 충돌하곤 했다. 그러던 어느 날 태양이 떠올랐다. 나는 '각성 세미나' 동안 감각명상을 발견하게 된 것이다.

내게 있어서 그것은 새로운 인생의 새벽이었다. 그때까지 나의 모든 문들은 닫혀 있었다. 그러나 바로 그 순간 문들은 아름다운 풍경으로 확 열려졌다. 나는 내 몸이 가지고 있는 비밀을 재발견하게 된 것이다.

이 명상이 내게 가져다 준 모든 보물들을 말로 표현하기는 매우 어렵다. 그 대신, 사람들은 누구나 감각명상을 통해 내가 느끼고 체험한 것을 어느 날엔가 살릴 수 있으리라고 말하고 싶다.

이 명상을 통해 나는 단순해진다는 것의 의미를 다시 발견했으며, 모든 사물과 모든 순간 속에 기쁨의 무한한 원천이 있음을 알게 되었다. 어린이의 표정에서, 여름 소나기의 상쾌함 속에, 한 송이의 꽃 속에, 노래하는 한 마리의 새 속에... 벌이 수많은 꽃들로부터 꽃가루를 모으듯이 감각명상은 우리들의 감각이 지닌 모든 힘으로 우리들의 삶의 모든 순간에서 인생의 진수를 수확하는 방법을 가르쳐 주었다.

매일 아침, 수백만의 사람들이 그들 일상의 단조로운 습관 속에서 깨어날 때 내 마음은 수많은 색채의 소용돌이 속에서 깨어난다. 무한한 에너지가 나의 두뇌의 깊은 곳에서 솟아오르며 나의 모든 세포들을 일깨워 준다. 상상력과 창조성은 끝이 없으며 감수성이 길을 안내한다. 나의 몸은 아름다운 꽃의 봉오리였으나 문명과 종교의 어두운 그림자 때문에 자라지 못했다. 감각명상은 태양빛으로서 이 봉오리를 꽃피게 하여 무한한 시간과 공간의 조화 속에 만개시켰다.

Laurence (Avignon, 프랑스)

나는 16세이고 내 이름은 Laurence이다. 나는 감각명상을 알게 되었고, 그것은 내게 하나의 계시처럼, 도발적인 애무처럼 나를 불타오르게 하는 매우 강렬한 것이었다. 그것은 바로 엑스타시였다.

수 년 동안 요가를 해 왔으나 그것은 요가에 비길 바가 아니었다. 나는 내 몸 전체가 완전한 조화상태에 있는 것을 느꼈고, 나의 전 존재, 그리고 타인과도 완전한 조화감을 느낄 수 있었다. 카세트를 통해 당신의 목소리는 내 몸 깊숙이 침투해 들어왔으며 조금씩 나의 몸은 열기로 불타올랐다. 나는 행복과 사랑에 도취되었다. 명상이 끝나면 나는 떠다니는 듯, 가볍게 잠겨 있는 듯, 또는 공기 중에 실려 가는 듯한 기분으로 자리에서 일어난다. 그것은 우리들을 둘러싸고 있는 모든 것과 일체가 된다는 최고의 아름다움이었다.

일요일이면 나는 Cevennes의 가장 높은 산으로 녹음기와 당신의 테이프를 들고 올라간다. 거기서 하늘을 마주 보고 눕는다. 끝없는 하늘을... 내가 느낀 것을 어떻게 표현할 수 있을까? 이 상승의 느낌을 묘사해 줄 강력하고도 감각적인 말을 찾기란 불가능하다. 나는 이전에 대마초를 피웠으며 지복의 환각을 맛보기 위해 암페타민을 복용했다. 그런데 지금은 이 약들이 얼마나 우스꽝스럽게 보이는가? 감각명상을 발견한 후 나는 그것들이 완전히 필요없음을 알고 모두 끊었다. 나는 이상적인 것을 발견했으며, 나는 지금 내가 숨쉬고 살아 있으며 존재한다는 것을 느낄 뿐이다.

나는 사물이나 꽃들을 보다 잘 볼 수 있는 법을 배운다. 이따금 꽃과 이야기하며 그 아름다움에 도취되는 일이 종종 내게 일어난다. 그 곳에는 시간이 더 이상 존재하지 않으며 무한만이 존재한다.

Pierre-Simon (Rennes, 프랑스)

금년 여름 각성세미나에서 명상을 연습한 후 나는 나의 성격에 대한 자각을 개선시키면서 나의 가능성을 깨닫게 되었고 마음의 순수성을 새롭게 느끼게 되었다. 무엇보다도 나는 나의 전반적인 건강이 향상되어 온 것을 느낄 수 있었다. 나는 가벼운 척추경직, 특히 요추의 장애를 앓고 있었다.

감각명상을 실시한 후로 이 부분에 놀랄만한 유연성을 느낄 수 있었다. 어쩌면 그것은 명상에 앞서 실시하는 호흡에 전적으로 기인하는지도 모르겠다. 그 이유가 어떻든지 간에 나는 증언을 해야겠다고 느꼈다.

Alexandre-Denis (Saint Ubald,캐나다)

"마음과 몸의 각성"을 위한 세미나에서 잊지 못할 순간들을 갖게 된 것을 무한히 기쁘게 생각하며 라엘에게 감사하고 싶다. 가장 나를 변하게 만든 것은 나중의 보다 나은 "만남"을 위해 한 순간 마음을 비우는 훈련이었다. 나는 강렬한 감동을 느꼈고 그 기쁨을 소리치고 싶었으나, 오히려 그 감동은 나를 침묵하게 했다. 그 후로 나는 새로운 사람이 된 듯 느껴졌다. 67세의 나이에도 불구하고 나는 인생을 새롭게 시작하는 기쁨을 맛보고 있다.

Simone David (Montreal , 캐나다)

이미 내가 상당한 연령에 있으므로 각성세미나에 따른 변화가 다소 완만하기는 했으나 매우 뚜렷한 것이었다. 그 변화는 확실히 파격적인 것이었으므로 사람들은 무슨 일이 있었느냐고 내게 물었다. 이제 내 안에서 이러한 기쁨을 알게 된 후로 나는 가능한 한 오래 살기를 희구하게 되었고 시간이 갈수록 명상이 나를 변모시켜 감을 눈여겨보게 되었다.

내게 있어서는 라엘리안이 되는 것 이상으로 더 큰 기쁨이 없으며 그 확신은 결코 변하지 않을 것이다. 나는 성실하게 살아 왔으며 내가 오랫동안 찾던 것을 마침내 발견한 것이다.

Michel Vuaillat (원예가)

내가 처음 라엘을 만나 우리들의 창조자 엘로힘으로부터 전해진 가르침을 받게 될 때까지 나의 인생은 단지 커다란 의문부호에 지나지 않았다. 나는 인간으로 존재한다는 것에 대해 거의 수치심에 가까운 감정을 느꼈다.

나는 한편으로는 사회적, 경제적, 정치적, 신비주의적, 광신적 향연 – 가슴이 두근거림 없이는 그 어떤 문도 열 수 없었던 – 등 제 현상에 맞부딪쳐 나갈 용기를 잃었고, 다른 한편으로는 태어날 때부터 배어들어 그 껍질이 나의 피부에 들러붙어 나를 질식케 하는 원시적 몽매주의와 싸워 나갈 용기를 갖지 못했다. 그리하여 나는 무언가 다른 것, 나로 하여금 평온 속에 숨쉬게 할 수 있는 논리적이고도 현실적이며 인간적인 무언가를 찾고 있었다.

그때 나는 소심하고 우유부단했으며 단 한사람 앞에서조차 나를 제대로 표현하지 못했다. 더욱이 나의 감각적 성향은 남자와의 신체적 접촉에서 감성을 충족시키려 했다. 그러므로 나는 상처받고 죄책감에 가득 차 있었으며 기존 도덕관이나 종교, 교육, 심지어는 하찮은 단순한 관습에 대해서조차 수치심을 느껴야만 했다.

여러분은 아마 잘 모르리라. 사람이 동성애자로 태어난다는 것은 푸른 눈동자를 갖는다든지, 사이즈 38의 신발을 신을 수밖에 없는 처지가 된다거나, 또 키가 142cm 밖에 되지 않는다는 사실과 전혀 다를 바가 없다는 사실이다. 말하자면 개인의 세포핵 속에 들어 있는 염색체 내의 유전인자들이 각 개인의 특성 뿐 아니라 그들의 기호, 모양,

그들에게 고유한 모든 것을 결정짓는 것이다.

수치스러운 일은 중세에는 히스테리환자를 처형했으며, 극히 최근까지도 히스테리 환자를 몽매주의적 종교의 자비로 죽였다는 점이다. 요즘에는 반체제주의자나 동성애자를 강제노동수용소나 위장된 정신병원 또는 교도소에 처넣음으로써 같은 방식으로 살해하고 있다. 파리에서조차도 동성연애자들은 투옥되고 고문받으며 고통당하고 체포되고 있으며, 사회의 무지와 불공정한 처우 속에 빈민가에서 숨어 살 수밖에 없었다. 그러나 과학자들의 연구에 힘입어 이제는 이러한 특성이 유전에 의해 결정된다는 사실을 쉽게 이해할 수 있게 되었다.

그리하여 라엘의 가르침을 받고 실행한지 2년이 된 지금 나는 나 자신이 완전히 변화되었음을 알았다. 여태까지 완전히 발굴해 내지 못했던 나 자신의 가능성을 조금씩 발견하게 된 것이다. 적어도 나는 그것들을 발견했고 나의 기관들을 각성시킴으로써 나 자신을 개발하는 일에 착수했다. 마치 정원사가 그의 땅을 발견하고 씨뿌리기 전에, 경작하고 수확하기에 최적의 조건이 되도록 경지작업을 시작하는 것과 같았다.

모든 경작은 여러 가지 기술적 지식과 경험, 그리고 풍부한 상식을 요구한다. 라엘의 가르침은 바로 그것이었다! 우선 사람은 그의 정원을 개방하고 그것을 가장 아름다운 식물들과 꽃들과 나무들로 꽃피게 하려는 소망을 가져야만 한다. 기술적 지식은 전혀 발굴되지 않았던 토양을 정화하고 잡초, 가시덤불, 지나친 석회암을 제거하는데 필요하다. 지나치게 산성도 아니고 알칼리성도 아닌 중성의 환경이 되도록 만들어 주어야 한다. 즉 바라는 것이 그 기후와 토양의 비옥함과 조화하여 잘 자랄 수 있도록 하려면 약간의 질서를 회복시켜 주는 것이 필요하다.

마차를 말 앞에 두지 않는 것이 상식인 것처럼, 정원사의 주의깊은 눈앞에 언제든지 균형이 회복될 수 있기 위해서는 무엇이 토양에 가장 적합한 품종인지, 또 그 성장리듬과 필요조건에 대한 상식, 그리고 지나친 요소를 측정하기 위한 상식이 필요한 법이다.

실질적인 체험은 우리들로 하여금 토양이 얼마나 생물학적인가, 즉 자연적인 화학물질로 가득 찬 것인가를 알게 해준다. 마찬가지로 우리들이 숨쉬듯이 지구는 살아 있으며, 당근과 민들레로부터 인간에 이르기까지 모든 것은 각 개체의 세포 속에 들어 있는 유전자코드에 따라 성취해야 할 특정한 기능을 가지고 있는 것이다.

모든 생물은 각각 행성 전체의 조화로운 균형을 이루는 하나의 톱니바퀴인 것이다. 그 각각이 다른 모든 것과 정교하게 짜 맞추어져 있으며 오직 "인간"만이 이 모든 것을 이해할 수 있는 것이다.

오늘 나는 내가 좋아하는 사람과 나의 모든 감각을 충족시키는 성생활을 하고 있다. 나는 이제 나 자신에 대해서 만족하고 있다. 나의 고질적인 소극성이 사라짐에 따라 나의 공격성도 극복할 수 있게 되었다.

무엇보다도 나는 백 명이 넘는 사람들 앞에서 강의할 수 있게 되었다. 나는 이제 누구에게나 열린 마음으로, 그리고 타인에 대한 존경심을 가지고 나 자신을 적절하게 표현할 수 있게 된 것이다.

나는 내 속에 일깨워지고 있는 무한한 잠재적 가능성을 느낄 수 있고 그 발전의 리듬도 제어할 수 있다. 매 생각의 성숙한 각성에 기반하여 감각을 훈련함으로써 무감각으로부터 환기된 두뇌의 최적기능에 의해 느껴지는 매 행동의 통제 및 관리가 정확히 감각명상의 주된 특질 중 하나를 이루고 있기 때문이다.

P/S: 한 가지 언급할 것을 잊었는데, 나는 1967년 이래 위궤양을 앓아 왔는데 당시 수술을 종용받았다. 나는 동종요법에 호감을 가지고 있었기 때문에 수술을 거절하고 다음 10년간 그 방법을 실천해 보았으나 성공하지 못했다. 내가 감각명상을 실행하기 시작할 때도 위궤양 증세는 그대로 남아 있었으나 불과 몇 달만에 감쪽같이 없어졌기 때문에 나는 그 사실을 거의 잊어버리고 있었다. 나는 모든 의심이 많은 사람들에게 보여줄 수 있는 X - 레이 사진과 진단서 및 병역면제 증명서 - 위궤양으로 다행히 병역을 면제받았음을 증명해 주는 - 를 가지고 있다.

N .C.(Quebec,캐나다)

나는 24세이며 성생활은 16세부터 시작했지만 지난 8년간 불감증을 겪어 왔다. 나는 남성 파트너에게 줄 수 있는 내 몸의 기능 - 그것도 좋은 부분이긴 했지만 - 과 역할에만 만족할 수밖에 없었다. 즉 그들에게 기쁨을 줄 수 있다는 것만이 내겐 기쁨이었다. 많은 다른 여자들과 마찬가지로 나는 그들이 남성적이라고 느낄 수 있게끔 나 역시 그것을 즐기고 있는 것처럼 행동했다. 그래야만 내가 비정상적으로 보이지 않을 것이기 때문이다. 24살 때 감각명상을 알게 된 후 나는 처음으로 오르가즘을 경험했다. 나는 그것이 얼마나 아름다운 느낌이었는지 말로 표현할 수 없다.

또 나는 약으로는 잘 낫지 않는 불안과 우울증으로 고통받아 왔다. 그러나 이제 육체적 쾌감을 알게 된 후론 그러한 증상들이 말끔히 사라졌다. 나는 모든 여성들이 – 내가 알기론 여성들의 70%가 오르가즘을 경험하지 못한다고 하므로 – 이 명상법을 알게 되었으면 한다.

Cristiane Gariepy (Montreal,캐나다)

나는 쾌감, 행복의 근원을 발견한 것처럼 생각된다. 더구나 원할 때는 언제든지 나의 신체 내부로부터 쾌감을 이끌어 낼 수 있다.

감각명상의 효과에 대해 (한국, **남일우**)

명상을 작년 11월말 경부터 시작했으니 1년이 조금 넘었다. 감각명상 훈련 중 카세트 테이프 제1권(무한과 조화한다)이 나무의 핵심으로 제일 중요하고 나머지는 나뭇가지에 불과하다고 했으므로, 테이프 제1권은 매일 실습해 왔고 테이프 제2권은 가끔 실습했다.

초기에는 저녁에 실시했으나 피곤한 경우가 많아 잘 되지 않았다. 그래서 주로 아침에 실시하고 있다. (내 경험으로는 새벽 2 – 3시경에 몇 번 해보았는데 새벽에 하는 것이 가장 좋은 명상 효과를 얻을 수 있음을 알았다) 그러나 내게 있어서 새벽에 실시하는 것이 쉽지 않아서 아침에 실시해 오고 있다.

명상을 시작한지 며칠 지났을 무렵 발끝에서 따뜻한 느낌이 오면서 테이프대로 잘 되어 나갔다. 머리 속의 쾌감은 아직 느끼지 못했으나 그런 대로 온 몸이 따뜻해지면서 명상의 진전이 이루어지는 느낌을 받았다. 꾸준히 3주 정도 했을 무렵 명상테이프 중간 부분에 있는 머리의 세포까지 의식해 올라 왔을 때 갑자기 온 몸으로 떨리며 퍼져 나가는 쾌감을 느꼈다. 그 쾌감은 꼭 성교 시의 클라이맥스 같은 느낌이었고 너무 기분이 좋아 신음소리가 저절로 나왔다. 드디어 명상 테이프대로 되어 가는구나 하고 느끼면서 더욱더 알차게 하기 위해 피드백을 이용해 전체의 조화감을 깊이하고 세포 하나하나에 정성을 쏟아 명상을 계속해 나갔다. 그때부터는 그런 쾌감을 맛보기 위해서도 훨씬 즐거운 마음으로 실습하게 되었다.

그 전에는 언젠가는 좋아지겠지 하는 막연한 기대감에서 솔직히 억지로 한 경우도 있었다. 이렇게 꾸준히 실시하는 동안에 그 이상의 진전은 느끼지 못했다. 6개월이 지났을 무렵에는 실제 생활에 있어 걸을 때 어질어질한 느낌을 받을 때도 있었고 기억이 몽롱해지는 느낌이 들 때도 있었다.

다시 3개월이 지날 무렵부터 명상자체에 변화가 오기 시작했다. 머리 부분까지 의식해 올라왔을 때 온 몸(손끝, 발끝, 모든 구석구석까지)으로 쾌감이 떨리면서 퍼져 나가는 것은 물론이고 음악을 의식할 때는 몸 전체가 음악과 공명하면서 쾌감이 퍼져 나갔다.

지구와 하나가 되는 부분에서도 쾌감이 오기 시작했다. 그때부터 걸을 때 어질어질한 느낌이 사라지고 기억이 몽롱해지는 느낌도 없어졌다. 사무실에 앉아 있을 때나 신호대기에 걸려 자동차에 앉아 기다리는 때에 몸을 편안히 하고 있으면 서서히 온 몸에 쾌감이 퍼져 나가면서 형용할 수 없는 기분이 된다.

꽃이나 소나무 등 식물에 가까이 가면 지절로 만져지고 또 만졌을 때 쾌감이 온 몸으로 퍼진다. 냄새를 맡으면 온몸으로 그 향기를 마시고 있는 듯하며, 잎사귀를 약간 뜯어 씹으면 그 맛이 온몸으로 퍼진다.

요즈음에 들어서는 명상의 효과가 점차 더 깊어지고 있다. 카세트의 처음 부분에서 발을 의식하면 벌써 온몸에 쾌감이 퍼진다. 그리고 우리들이 그 일부가 되는 무한대를 의식하는 부분에서 지구를 의식하는 데에 이르면 지구의 강력한 자력이 내 몸을 완전히 지구 중심으로 끌어 잡아당김을 느낀다.   또 별과 은하계를 의식하는 부분에 이르면 별과 지구의 서로 끌어 잡아당기는 힘을 느끼게 되며, 내 자신이 지구가 되어 은하계 레벨의 무한으로, 그리고 보다 더 큰 무한으로 상상할 수 없는 속도로 한없이 끌려 들어감을 느낀다.

실제 생활에 있어서는 모든 사물과의 상호교환이 일어난다. 방에 누워 있거나 편안히 앉아 산을 바라보면 나 자신이 대지가 되어 버린다. 귤을 먹으면 귤나무가 되고 밥을 먹으면 벼가 된다. 대나무 공예품을 바라보면 대나무가 되어 버린다. 이러한 생활 속에 매사를 긍정적으로 바라보게 되고 실생활 거의 모든 부분에서 내 자신이 쾌락 자체기 되어 활동하고 있다. 앞으로 명상을 계속하게 되면 실제생활 전부분에서 완벽하게 쾌락상태로 활동할 수 있을 것 같디. 지금두 거의 모든 시간이 쾌락 상태가 되지만 사람을 만날 때에는 쾌락이 많이 감소되는데 이것도 점점 개선되어 감을 느끼고 있다. 곧 어떤 상황에서도 내 자신이 완벽한 쾌락 자체가 될 것임을 확신한다.

각성상태가 높을수록 명상의 진전 속도가 빨라진다고 하므로 평상시에는 조금이라도 틈을 내어 「우주인의 메시지」를 읽거나 명상가들의 책을 읽어서 그 내용의 깊은 맛을 음미하고 세포 하나하나에 녹이는 것을 게을리 하지 않고 있으며, 과거의 나쁜 습관에 대해서는 끊임없이 재검토하여 머리 속에서 지워 버리기를 계속하고 자신의 참된 기호를 발견하기 위해 노력하고 있다. 전에는 엘로힘께 감사하고 몸 전체로 먹는다는 생각으로 식사해 왔으나 이제는 저절로 음식과 상호교환이 일어나 귤을 먹으면 귤나무가 되고 물고기를 먹으면 물고기가 된다.

이따금 낮에 머리가 복잡한 일이 생기면 몇 분간 감각의 단식을 행하는데, 즉 편한 자세로 앉아서 호흡에 전 의식을 집중시키고 1, 2분간 심호흡을 한다. 그런 다음, 광물에 가까운 감각을 만들어 의식이 없는 상태를 수 분간 유지한다. 감각의 단식을 행하면 복잡한 머리가 맑아지고 안정되어 내 자신이 다시 쾌락으로 돌아간다.

명상시간은 겨우 하루에 20분 정도에 지나지 않지만 지속적으로 실습해 온 덕분에 이 명상법의 엄청난 효과를 체득할 수 있었다고 생각된다. 이런 훌륭한 명상법을 주신 엘로힘께 감사한다.
(1989년 12월 24일)

Bibliography

Art et science de la creative, Publication du
Centre culturel de Cerisy- la - Salle
Published in the collection 10/18 by Union Generale
d'Editions

Evolution ou Creation
by Jean Fiori
Published by Editions S.D.T. , 77190
Dammarlie - les - Lys, France

L' orgasm au Feminin
Published by Editions Univers ,
1651 Saint - Denis, Montreal, Canada.

Submission to Authority

S. Milgram, Paris 1974

< 추가정보 >

본 저서 <감각명상>에 관한 정보가 필요하실 경우에는 저자나 한국
라엘리안무브먼트(KRM) 와 연락을 하시면 됩니다. 아래는 주소입니다.

c/o The International Raelian Movement
Case Postale 225, CH1211
GENEVA 8
SWITZERLAND

아래는 라엘리안 무브먼트의 공식웹페이지와 관련단체들입니다.

www.rael.org
www.raelianews.org
www.raelradio.net
www.rael-science.org
www.raelafrica.org
www.apostasynow.org
www.icacci.org
www.nopedo.org
www.maitreya.co.kr

Rael-Science 안내

Rael - Science 는 최신과학기사를 엄선하여 구독자에게 배달하는 무료 e - mail 서비
스입니다. 구독신청은 아래의 주소로 내용이 없는 e - mail 을 보내면 됩니다.

subscribe@rael - science.org

< 라엘의 다른저서 >

지적설계 - 설계자들로부터의 메시지
신(神)의 창조 · 진화론 아닌 제3의 기원(무신론적 지적설계)제시

지구상의 생명체는 우연한 진화의 결과도 초자연적인 '신'의 작품도 아니며, 우주인 엘로힘들이 DNA를 이용해 실험실에서 고도의 과학 기술로 창조한 것이다. 그들은 문자 그대로 그들 자신의 모습대로 인간을 만들었는데, 이른바 "과학적 창조론-무신론적 지적설계" 인 것이다.

이 우주인 과학자들과 그들의 창조 작업에 대한 흔적은 그들의 심볼인 '무한의 상징'과 마찬가지로 고대의 많은 문헌에서 발견할 수 있다. 엘로힘은 인류에게 간섭하지 않으면서도 스스로 진보할 수 있도록 붓다, 모세, 예수, 마호메트 같은 예언자들을 통해서 인류와 관계를 유지했다.

이러한 예언자들의 역할은 각 시대의 문화와 이해수준에 맞게 엘로힘이 전해준 가르침을 통해서 인류를 점진적으로 개화시켜 나가는 동시에 창조자 엘로힘에 대한 흔적을 남겨둠으로써 나중에 인류가 과학적으로 충분히 진보했을 때 창조자들의 존재를 이해할 수 있도록 하는 것이었다. 이 책은 인류의 과학적 기원뿐 아니라 자칫 인류를 파멸로 이끌 수 있는 핵무기, 인구과잉, 환경파괴 등 당면 난제들에 대한 슬기로운 해법을 제시하고 있는 미래 지침서이기도 하다.

천재정치 큰 논란을 불러일으킨 정치적 주제

민주주의는 불완전한 정부 형태로서, 결국 천재들에 의해 통치되는 "천재정치"로 대체될 것이다. 이 시스템하에서는 어떠한 고위공직 후보자도 지성수

준이 평균보다 50% 상위에 있지 않는다면 선거에 입후보할 수 없다. 더욱이 투표할 자격을 갖는 유권자는 평균보다 10% 이상의 지성수준을 갖고 있어야 한다. 그러므로 천재정치는 선택적 민주주의인 것이다.

이 진취적인 개념은 이미 엘로힘의 행성에서 시행되고 있다. 엘로힘은 우리가 더 나은 시스템을 개발하지 않는 이상 이와 같은 시스템으로 이행할 준비를 시작하라고 조언하고 있다. 왜냐하면 인류의 진보는 결국 천재들의 노력에 달려 있기 때문이다. 일단 지성을 테스트할 수 있는 방법이 충분히 개발된다면 이곳 지구에서도 그런 진보가 가능해질 것이다.

인간복제 미래에 대한 놀라운 예지

이 책에서 최초의 인간복제회사 클로나이드의 창시자인 라엘은 오늘날의 기술이 어떻게 영원한 삶을 위한 탐구의 첫걸음이 될수 있는가를 설명한다. 뛰어난 통찰력을 통해 그는 우리에게 놀라운 미래를 보여주고 이제 막 태동하고 있는 우리의 기술이 어떻게 이 세계를 변혁시키고 우리의 삶을 변화시킬지 설명한다.

이 책은 우리가 파라다이스로 변모할 상상할 수 없이 아름다운 세계에 준비가 되도록 해준다. 그런 세계에서는 나노테크놀로지가 농업과 중공업을 불필요하게 만들고, 슈퍼인공지능이 인간의 지능을 빠르게 추월하여 모든 지겨운 일들을 처리해 주고, 컴퓨터 안에서처럼 계속 젊은 육체로 재생되는 영원한 삶이 가능해질 것이며, 그리고 아무도 더이상 일할 필요 없이 레저와 사랑을 즐기는 세계가 될 것이다!

각성으로의 여행(마이트레야) 리엘의 가르침 발췌본

예고된 "서방에서 온 미륵" 라엘, 그가 지난 30년간 수많은 라엘리안 세미나에서 행한 강의들 중에서 발췌한 내용을 수록한 이 놀라운 책에서 그의 가르침과 통찰력의 진수를 접할수 있다.

이 책은 사랑, 행복, 평정심, 정신성, 관조, 완벽의 신화, 비폭력, 과학 등 다양한 주제를 다루고 있으며, 더 없는 만족과 즐거운 인생을 살기를 원하고 자기자신을 발전시키고자 하는 이들을 위한 훌륭한 길잡이가 될 것이다.

※ 이 책들은 전국유명서점이나 인터넷을 통해 구입할 수 있습니다. 라엘리안 무브먼트에 관한 정보를 더 알고 싶으신 분은 www.rael.org 로 접속하시기 바랍니다.

< 세미나와 연락처 >

매년 전 세계에서는 몇 번의 세미나가 개최되며, 라엘리안들은 그곳에 함께 모여 예언자 라엘을 통해 엘로힘의 가르침을 배울 수 있다. 이 세미나에 참가하기를 원하거나 라엘리안들과 접촉하고 싶은 사람들은 아래의 지역 라엘리안 무브먼트에 연락하면 된다. 86개국 이상에 설립되어 있는 각국 라엘리안 무브먼트의 연락처는 웹사이트 **www.rael.org**에 게재되어 있다.

아프리카

05 BP 1444 , Abidjan 05
Cote d ' Ivoire
Africa
Tel: (+225) 07 .82 .83 .00
E-mail: africa@intelligentdesignbook .com

유럽

7 Leonard Street
London
England , UK
Tel: +33 (0) 6 16 45 42 85
E-mail: europe@intelligentdesignbook .com

미주

P .O .BOX 570935
Topaz Station
Las Vegas , NV 89108
USA
Tel: (+1) 888 RAELIAN
Tel: (+1) 888 723 5426
E-mail: usa@intelligentdesignbook .com
E-mail: canada@intelligentdesignbook .com

대양주

P .O . Box 2387
Fountain Gate
Vic 3805
Australia
Tel: +61 (0) 419 966 196
Tel: +61 (0) 409 376 544
E-mail:oceania@intelligentdesignbook .com

아시아

Tokyo-To, Shibuya - Ku
Shibuya 2 - 12 - 12
Miki Biru 401
Japan 150 - 0002
Tel: (+81) 3 3498 0098
Fax: (+81) 3 3486 9354
E-mail: asia@intelligentdesignbook .com

영국

BCM Minstrel
London WCIN 3XX
England , UK
Tel: +44 (0) 7749618243
E-mail: uk@intelligentdesignbook .com

감각명상 CD와 테이프카세트(실습용)에 대하여

본서에 소개되어 있는 감각명상 총6권 세트(실습용)는 CD 또는 테이프카세트로 구입하실 수 있습니다. 가장 중요한 명상인 감각명상 제1권 (무한과 조화한다)은 1장의 CD(테이프카세트)로 별도로 분리되어 있습니다.

※ 구입문의: 도서출판 메신저 / 주소 · 서울 서초구 반포동 강남고속버스터미널빌딩 8층 641호 / 전화 · 02-536-3176 / FAX · 02-594-3363 / email · korea@rael .org